Heinrich Theodor

Ro

tscher, Emilie

Schro

der

Dramaturgische und ästhetische Abhandlungen

Heinrich Theodor
Ro
..
tscher, Emilie
Schro
..

der

Dramaturgische und ästhetische Abhandlungen

ISBN/EAN: 9783743635395

Hergestellt in Europa, USA, Kanada, Australien, Japan

Cover: Foto ©Thomas Meinert / pixelio.de

Weitere Bücher finden Sie auf **www.hansebooks.com**

Dramaturgische und ästhetische

Abhandlungen

von

Prof. Dr. Heinrich Theodor Rötscher.

Herausgegeben

von

Emilie Schröder.

Die Wahrheit hat die meiste Kraft.
Sophokles.

Leipzig.
Verlag von Friedrich Fleischer.
1867.

Dieses Buch enthält die theils nur zerstreut in Zeitschriften erschienenen, theils noch ungedruckten dramaturgischen und ästhetischen Abhandlungen von **Heinrich Theodor
Rötscher.** Möge unserm leidenden Freunde die Genugthuung
werden, daß das, was er in einsamen Stunden gedacht
und geforscht hat, seine Leser befriedige und erhebe. Eine
höhere Genugthuung kann ein Schriftsteller nicht erringen.

Emilie Schröder.

Berlin, im August 1867.

Inhalt.

Die Kritik.

Die Kritik ist in den letzten Decennien zu einer un-
widerstehlichen Macht erstarkt, denn sie ist aus der Kraft des
Denkens erwachsen, welches sich seiner Selbstständigkeit immer
mehr bewußt ward. Die Berechtigung aller Kritik ruht darin,
daß der menschliche Geist nichts auf Treu und Glauben hin-
nehmen und sich gegen keine noch so gewaltige Autorität un-
selbstständig verhalten will. Der erhabene Eigensinn des
Menschen, sich durch sein Denken erst jedweden Inhalt rechtfertigen zu wollen, ist also der Vater der Kritik. Zunächst
erscheint nun die Kritik mehr als eine trennende, das volle
Leben zerstörende Kraft, denn sie legt an jede Erscheinung den
Maßstab der Idee und richtet die erstere, indem sie derselben
die unerbittlichen Forderungen der letzteren entgegenhält.
Die ächte Kritik aber erhebt sich aus ihrer auflösenden Thätigkeit auch unabläſſig zur Anerkennung und Entfaltung der
ewigen Geſetze derjenigen Sphäre, in welcher sie sich bewegt.
Darin liegt ihre positive, ihre verſöhnende Kraft. Je mehr
sich die Kritik zur Darstellung der Ideen selbst aufschwingt,
je mehr sie, auch selbst da noch, wo sie vernichtet, die Liebe
zur Sache durchscheinen läßt, um so eindringender und un-
widerstehlicher wird sie wirken. Wahrhaft kritisch aber kann
sich nur derjenige verhalten, der weiß, worauf es ankommt,
der den geheimnißvollen Proceß des Schaffens, die Geſetze des
Gestaltens, die Aufgaben, welche zu lösen sind, geistig durchdrungen hat. Diese Erkenntniß gewährt allein die Vertiefung

Rötscher, dramaturgiſche Abhandlungen.   1

in die Wissenschaft; denn die Kritik ist ein angewandtes Wissen, eine vergleichende Erkenntniß. Ruht die Kritik nicht auf dem Grundpfeiler der Wissenschaft, so ist sie bloßes Raisonne- ment, welches sich auf gut Glück auf das offene Meer wagt. Die von der wissenschaftlichen Erkenntniß entblößte Kritik tappt gleichsam mit verbundenen Augen zu und ergreift das Rechte eben so zufällig, als sie es verfehlt. In einer Zeit, in welcher tiefsinnige Gedanken, welche die Wissenschaft erarbeitet hat, mehr und mehr in das allgemeine Bewußtsein übergehen und anfangen Gemeingut zu werden, läßt sich, durch eine geschickte Handhabung gewisser Formeln, selbst ein dürftiges Raisonnement wohl zum Schein einer Kritik aufstutzen und nur dem Kundigen werden unter dem erborgten glänzenden Gewande die abgetragenen, die Blöße kaum bedeckenden Kleider sichtbar. Diese Erscheinung ist ein nothwendiges Ergebniß eines Wendepunkts, in den die Wissenschaft in diesem Augen- blick in ihrem Verhältniß zum Leben eingetreten ist. Alles weist nämlich darauf hin, daß die Wissenschaft nicht mehr in vornehmer Zurückgezogenheit vom Leben verweilen, sondern sich in Fleisch und Blut verwandeln will, und überall arbeitet der Geist darauf hin, die Brücke zu schlagen von der abge- zogenen Wissenschaft zum vollen Leben. Diese Bewegung hat natürliche Mängel in ihrem Gefolge, gleichsam Auswüchse, die aus der Triebkraft der Verwandlung der Wissenschaft in das Leben hervorbrechen, welche indessen das Gedeihen und den Fortschritt dieser Bewegung nicht ertödten können. Je mehr ein Gebiet nun die allgemeine Theilnahme der verschiedensten Klassen in Anspruch nimmt, um so greller wird sich die eben- gedachte Erscheinung darauf kund geben. Was aber bewegt mehr die Massen, als die Bühne, der sich die Menschen mit den verschiedenartigsten Empfindungen und Ansprüchen zu- wenden, aus welchen nur das eine Ergebniß immer wieder emportaucht, daß die Bühne eine große Bedeutung für das Leben der Gegenwart hat und zu haben berufen ist! Aus der

Verzweiflung an den Bühnenzuständen, wie aus der sanguinischen
Hoffnung ihrer Wiedergeburt, spricht gleichmäßig das tiefe
Interesse für ihre Entwickelung, und die Ueberzeugung, daß
sie ein Faktor für das Leben überhaupt, wie für die Bildung
der Massen, daß sie vor Allem berufen ist, über die Mangel=
haftigkeit des prosaischen Lebens zu erheben, die Ansprüche
unserer idealen Natur mit der Härte der Wirklichkeit auszu=
gleichen, der Zeit den Spiegel vorzuhalten, ohne doch unmittel=
bar in die dornige Praxis einzugreifen, die großen Probleme
der Gegenwart in idealen Figurationen hinzuzeichnen, ohne
uns mit der Gewalt der wirklichen Conflikte zu erschüttern,
uns eben so wohl in das volle Leben der Gegenwart unterzu=
tauchen, als uns von den ermattenden Reibungen des wirklichen
Lebens zu befreien. Daß sie dies werde, dazu ist eine ächte,
freie, über Persönlichkeiten erhabene Kritik ein wesentlicher
Faktor, freilich nur e i n e r, denn erst alle Elemente des Lebens
zusammengenommen können eine Umgestaltung der Bühne,
des idealen Abbildes des Lebens, herbeiführen. Aber daß dieser
Faktor wenigstens in seine vollen Rechte wieder eingesetzt werde,
daß die Kritik dieses Gebiets, welche ihre theilweise Verseichtung,
ihre Verflechtung mit unlauteren Elementen gewissermaßen als
ihr Schicksal aus dem Uebergangsproceß von der Wissenschaft
zum Leben hat auf sich nehmen müssen, sich wieder zur Rein=
heit erhebe, ohne abstrus zu werden, daß sie den Geschmack
der Massen läutere, ohne dabei ihre Tiefe einzubüßen, daß sie
das Zutrauen der Darsteller und Dichter gewinne, ohne sich
ihnen schmeichelnd zu nähern, kurz, daß sie ihre Ergebnisse,
welche sie an dem Quell der Wissenschaft gewonnen hat, in
das Blut der gebildeten Gesellschaft ergieße, ohne ihre Würde
zu verlieren, das ist die Aufgabe der Gegenwart. Auch aus
den Andeutungen, auf welche sie sich so oft, namentlich in
politischen Zeitschriften, zu beschränken hat, soll noch die Wurzel
der Erkenntniß hindurchscheinen, und die Waffen, welche sie
braucht, sollen das Arsenal der Wissenschaft nicht verläugnen,

1*

woher sie entnommen sind. Das Schwere ruht auf der Kraft der Vertiefung und auf der gleichen Kraft, den Gedanken eine solche sittliche Würde einzuhauchen, daß sie auch die gerichteten Personen noch zur Achtung vor der Macht der Ideen zwingen. Die Kritik der Bühne soll aber auch so versatil sein, wie das Leben. Sie hat keinen fertigen Maßstab an die Erscheinungen zu legen, und sie in das Prokrustesbett eines abstrakten Begriffs zu zwängen. Mitten im Leben stehend, soll sie doch zugleich über den Forderungen des Tages und über den vielköpfigen Anforderungen richtend schweben und bei den Erzeugnissen der Gegenwart, indem sie dieselben als Ergebnisse der Zeit begreift, doch zugleich das Unvergängliche von dem nur Zeitlichen trennen, endlich in freier Hingebung an die höchsten Schöpfungen des dichtenden, wie des darstellenden Genies sich in der Erkenntniß der schöpferischen That genießen und das zum Bewußtsein bringen, was der Künstler in heiliger Weihe bis auf einen gewissen Grad bewußtlos geschaffen hat. Auf diesem höchsten Stadium ihrer Thätigkeit hat die Kritik nur das Geschäft, die ewige Vernunft, welche sich einen Künstler zum Werkzeug ersehen hat, zu enthüllen und das Besitzthum des Künstlers zu einem Gemeingut machen zu helfen.

Die willkürlichen Textesveränderungen in den Darstellungen dramatischer Kunstwerke.

Wir sind weit davon entfernt, eine jede derbe und cynische Wendung eines großen Dichters, worin sich theils nur der Geist einer bestimmten Zeit ausspricht, theils etwa noch Schlacken des Dichters sichtbar sind, durchaus erhalten zu wollen und um jeden Preis von der Bühne herab ertönen zu lassen. Insofern durch die Weglassung einer Derbheit, welche etwa den Ansprüchen einer überfeinerten Gegenwart widerspricht, dem Kunstwerk nichts von seinem Werthe, seiner Bedeutung und seinem Charakter entzogen wird, sondern dadurch nur ein zufälliges Nebenwerk, oder nur der Auswuchs einer bestimmten Zeit beseitigt wird, so hat der Geist der Gegenwart, welcher eine solche Wendung seinen Sitten und Ansprüchen nicht mehr gemäß findet, auch das Recht, eine Aussonderung vorzunehmen, ja selbst eine cynische, rohe Wendung mit einer andern zu vertauschen, welche die Einheit nicht stört, und zugleich einen verletzenden Eindruck entfernt. Wollte man starr und eigensinnig uns das Recht jeder Veränderung und Ausscheidung zum Zwecke dramatischer Darstellung bestreiten, so würde man dadurch gerade das Zeitliche, Vergängliche, der individuellen Bildung des Dichters, oder einer bestimmten Entwickelungsstufe desselben Angehörige für ewig und unvergänglich erklären, und sich gegen den Geist der ächten Verehrung, welche das Ewige im Zeitlichen heraushebt und anerkennt, versündigen. Für den Literarhistoriker und Aesthetiker ist allerdings selbst kein Auswuchs eines Kunstwerks werthlos; derselbe verhält sich aber auch wesentlich kritisch zu dem Kunstwerk; ein Anderes ist die Wirkung eines Werkes von der Bühne herab. Hier kommt es darauf an, durch die Darstellung den reinsten Eindruck desselben hervorzubringen; hier kann uns also nicht unbedingt Alles, wie dem Kritiker, von Bedeutung und von Interesse sein, weil der Zuschauer der Bühne gegenüber ganz andere Forderungen macht, und von ganz andern Gesichtspunkten ausgeht. Indem wir also der Bühne das Recht zugestehen, im Interesse eines ungeschmälerten Eindrucks großer Kunstwerke und der vollen Wirkung auf die Massen, gewisse Veränderungen mit dem Texte eines Dichterwerkes vorzunehmen, müssen wir doch die Gränze desselben prinzipiell feststellen. Wir glauben dasselbe dahin bestimmen zu können, daß jede Textesveränderung, welche einen charakteristischen, zur Einheit des Kunstwerks gehörigen, Zug verwischt, und ihn durch ein minder

charaktervolles Surrogat ergänzt, durchaus verwerflich ist, und
daß mithin auch eine Derbheit und rohe Natürlichkeit des
Ausdrucks, ja sogar eine cynische Wendung zu erhalten ist,
und durch keine glatte und zarte Wendung ersetzt werden dürfe,
sobald dadurch in irgend einer Weise die Einheit zerstört
wird. Freilich kann nur der ästhetische Verstand, und zwar
ein sehr feiner, die Bedeutung des Einzelnen in seinem Ver=
hältniß zum Geist des Ganzen und zum besondern Charakter
abwägender Sinn die letzte Entscheidung geben. Dazu gehört
eben so viel Pietät und zarte Scheu gegen das Ueberlieferte,
als Freiheit der Intelligenz, welche das Charakteristische und
Bedeutungsvolle vom Zufälligen zu scheiden versteht. Wenn
also, um das Gesagte durch ein bestimmtes Beispiel zu erläu=
tern, im Anfang der Scene in Auerbachs Keller statt der
Worte:

> Du bringst ja nichts herbei,
> Nicht eine Dummheit, keine Sauerei

für das letztere Wort: Schelmerei gesagt wird, so ist dies ein
völliger Mißgriff und eine Verfeinerung, welche das Charak=
teristische der Scene, wie der einzelnen Stelle entschieden be=
einträchtigt. Das Unangemessene solcher Veränderung zeigt
sich sogleich darin, daß gleichwohl Frosch die Bewegung macht,
dem Brander ein Glas Wein über den Kopf zu gießen mit
den Worten: „Da hast Du Beides!" Daß ferner im Verfolg
der Scene der Chorus ertönt: „Uns ist ganz kannibalisch
wohl, als wie fünfhundert Säuen." Nun ist der Ausdruck:
Sauerei hier völlig an seiner Stelle, und durch Nichts ersetz=
bar; er soll die Bestialität dieser wüsten, in den Schlamm
gemeiner Sinnlichkeit versunkenen Burschen zeichnen; nur auf
diesen Ausdruck paßt die brutale Bewegung des Frosch, die
kein Mensch als eine Schelmerei ansehen wird. Der ganze
Ton büßt durch diese einzige Veränderung völlig seine eigen=
thümliche Farbe ein. Was hat die S ch e l m e r e i, die ihrer
Natur nach harmlose Heiterkeit und Schalkhaftigkeit, niemals

aber Gemeinheit bezeichnet, mit dem wüsten Treiben dieses Volkes gemein, welches „den Teufel niemals spürt und wenn er es beim Kragen hätte.“ Wie stimmt dazu dieser bestialische Rundgesang, den man unangetastet läßt, und der doch wahrlich zarten Ohren nicht minder verletzend sein möchte, als jenes Wort, welches hier die Sache selbst ist. Wir könnten nach manche andere Veränderungen in der Darstellung des Faust rügen, welchen sämmtlich ein Verkennen wesentlicher, charaktervoller Züge und Anschauungen zum Grunde liegt. Dasselbe gilt von manchen Textesveränderungen, welche wir bei der Darstellung des Othello bemerkt haben, die durchgängig Verschlechterungen, oder um mit einem witzigen Ausdruck von F. A. Wolf zu reden, Verschlimmbesserungen waren. Gerade im Othello ist oft die derbste Bezeichnung der Untreue und Verbuhltheit so durchaus charakteristisch für die Situation, wie für die Stimmung des von höchster Achtung für die Treue und von tiefster Indignation über ihre Verletzung erfüllten Othello, daß jede Ueberkleidung des nackten Ausdrucks die sittliche Energie verwischt. Wir haben diese Ausstellungen im Interesse der Kunst gemacht, weil wir wollen, daß jedes Kunstwerk in seiner Reinheit, in seiner charakteristischen Bestimmtheit bis in das Einzelne auf uns wirke, ohne den zeitlichen Auswuchs und die Schlacke des einzelnen Dichters absolut erhalten zu wollen.

Darum müssen wir diejenigen, welchen die Sorge dafür obliegt, zu der gewissenhaftesten Prüfung im Interesse der Totalwirkung. wie der Achtung, welche wir dem Dichter schuldig sind, auffordern, damit nicht durch zu große Rücksicht auf empfindsame Naturen die künstlerische Wirkung leide, und man nicht für das Lächeln der Halbcultivirten, denen die Scheu vor aller Derbheit zum guten Ton zu gehören scheint, die Gebildeten und sittlich gesunden Naturen einbüße.

Wodurch beweist der Vorstand einer Bühne dem Publikum die höchste Achtung?

Es könnte zunächst scheinen, als ob der höchste Beweis der Achtung Seitens des Bühnenvorstandes gegen das Publikum darin bestände, daß derselbe den Wünschen des Publikums in künstlerischer Beziehung stets auf das bereitwilligste entgegenkommt. Aber dies ist nur Schein. Eben so wenig, als eine Regierung sich schon dadurch als eine wahrhaft volksthümliche und segensreiche erweist, wenn sie sich den Wünschen und Ansprüchen des Volkes unbedingt zu fügen bemüht ist, eben so wenig ist damit schon ein wahrhafter Beweis der Achtung gegen das Publikum gegeben, wenn ein Vorstand der Bühne auf alle Ansprüche und Wünsche des Publikums bereitwillig eingeht. Zunächst darf der Vorstand der Bühne niemals vergessen, daß er an der Spitze eines Kunstinstitutes steht, daß er also vor allen Dingen die Interessen desselben zu fördern hat. Alles Andere erscheint dagegen von untergeordneter Bedeutung. Im Gesagten liegt, daß der Bühnenvorstand niemals das Bewußtsein einbüßen dürfe, die Interessen der Kunst zu vertreten, daß also auch die Ansprüche und Wünsche des Publikums niemals absolut maßgebend sein dürfen. Der Vorstand kann also nur dadurch seine hohe Achtung gegen das Publikum bethätigen, daß er demselben zutraut, vor Allem künstlerische Interessen zu verfolgen und durch dieselben beherrscht zu werden. Der Vorstand einer Bühne hat also zunächst gar nicht zu fragen, ob irgend ein Verlangen oder ein Wunsch des Publikums gewährt werden könne, sondern sich vielmehr die Frage stets zum Bewußtsein zu bringen, ob die Ansprüche des Publikums künstlerisch berechtigt sind. Nur dadurch kann sich der Vorstand schützen, vom Publikum nicht in das Schlepptau genommen zu werden, und endlich zu einem dienstwilligen Knecht desselben herabzusinken. Der Vorstand der Bühne darf sich also nie zu einem blinden

Werkzeug für die Wünsche und Ansprüche des Publikums
machen, sondern muß sich unablässig fragen, ob sich ein Wunsch
und Verlangen des Publikums mit der Würde und Ehre der
Kunst verträgt oder nicht! Seine Selbstständigkeit darf also der
Bühnenvorstand dem Publikum gegenüber niemals aufgeben,
eben so wenig als eine Regierung, indem sie allen Wünschen
und allen Forderungen des Volkes nachgiebt. So sehr wir
nur von einer Regierung erwarten und fordern, daß dieselbe
ein entwickelteres Bewußtsein habe über das, was Noth thut,
und was ausführbar ist, als die Masse des Volkes, eben so
soll auch der Bühnenvorstand ein entwickelteres Bewußtsein
haben, als die große Masse des Publikums. Wenn nach
Goethe's schönem Ausspruch der Dichter dadurch dem Publikum
die höchste Achtung erweist, daß er nicht gerade d a s bringt,
was das Publikum erwartet, so kann auch der Bühnenvorstand
nur dadurch dem Publikum seine Hochachtung beweisen, daß
er sich nicht allen Ansprüchen und Forderungen desselben fügt.
Nur wenn der Vorstand der Bühne keinen Augenblick den absoluten Gesichtspunkt aus den Augen verliert, daß er vor
Allem die künstlerischen Interessen und das Gedeihen der Kunst
zu vertreten habe, nur dann vermag derselbe sowohl die berechtigten Wünsche des Publikums zu erfüllen, und zugleich
seine künstlerische Ehre zu wahren. So hat zunächst der
Bühnenvorstand seine geistige Freiheit und Selbstständigkeit
darin zu offenbaren, was er von dramatischen Novitäten dem
Publikum darbietet. Der Bühnenvorstand hat durchaus nicht
knechtisch sich einem äußeren Erfolg zu beugen, welchen hier
und da etwa ein Stück sich gewonnen hat, wobei sehr zufällige
Faktoren mitspielen können, sondern hat vielmehr die Frage
an sich zu richten, ob das aufzuführende und gewünschte Werk
wirklich eine künstlerische Berechtigung hat. Allerdings setzt
die Beantwortung dieser Frage eine wirklich ästhetische Bildung
voraus, welche man auch von einem Bühnenvorstande, der
seinem Begriffe entspricht, fordern darf. Aber der Bühnen-

vorstand soll nicht unklar umhertappen und lauschen, ob ein Stück auf anderen Bühnen zufällig glänzende Erfolge gehabt hat, sondern er soll sich stets aus ästhetischen Gründen für die Aufführung desselben entscheiden. Ja, es kann sogar Pflicht werden, sich der Aufführung eines Stückes aus allen Kräften zu widersetzen, selbst wenn dasselbe außerhalb einen glänzenden Erfolg gehabt hat. Der Bühnenvorstand würde, wenn er sich nicht aus rein künstlerischen Motiven für die Aufführung eines Werkes bestimmte, zu einem Kammerdiener anderer Bühnen herabsinken und liefe damit Gefahr, seine Bühne und sich selbst zu entehren! Der erste und Hauptgesichtspunkt muß also immer der rein künstlerische sein, dem alle anderen Rücksichten zu weichen haben. Erkennt dagegen der Bühnenvorstand in einem ihm dargebotenen Werk ein wirklich schöpferisches Talent, so soll er auch ohne Zaudern seine Ehre darein setzen, dem Talent die Bahn zu eröffnen. Nur so kann er gewiß sein, einen bedeutenden dramatischen Genius zu erziehen, und der Bühne zu gewinnen. Der Bühnenvorstand hat also unbedingt da die Initiative zu ergreifen, wo er von dem Werthe einer Schöpfung durchdrungen ist. Aber auch in Fällen, wo sich das ästhetische Gewissen des Bühnenvorstandes gegen den künstlerischen Werth eines Dramas ausspricht, hat er die Verpflichtung, das Werk seinem Publikum vorzuführen, wenn sich dasselbe bereits vielfach bedeutende Erfolge errungen hat. In diesem Falle gebietet die Gerechtigkeit und Ehrenhaftigkeit, zunächst an sich selbst zu zweifeln, und das Publikum zum Schiedsrichter zu machen. Niemand wird es also einem Bühnenvorstande zum Vorwurf machen können, wenn er ein Drama, selbst wenn sich sein künstlerisches Bewußtsein dagegen ausspricht, zur Aufführung gebracht hat, sobald dasselbe auf anderen Bühnen entschiedene Erfolge errungen hat.

Aber es genügt nicht, dem Publikum dadurch seine Achtung zu beweisen, daß man, ohne Rücksicht auf außerkünstlerische Motive, sich bemüht, stets das Beste und Werthvollste aus den neu eingereichten dramatischen Arbeiten darzubieten, sondern der Vorstand der Bühne muß auch unablässig bemüht sein, ein klassisches Stammrepertoir zu schaffen. Unter einem klassischen Stammrepertoir verstehen wir die in gewissen Zeiträumen wiederkehrenden Aufführungen der künstlerisch höchsten Schätze aller Zeiten und Völker. Solch ein Stammrepertoir soll nicht nur stets die höchsten Ansprüche der dramatischen Poesie wach erhalten, sondern zugleich auch die Bühne vor jeder Versumpfung und Abirrung in Geschmacklosigkeit und frivole Bahnen schützen. Ein solches klassisches Stammrepertoir darf aber nicht etwa der Laune oder dem Zufall. überlassen bleiben, sondern es soll mit Bewußtsein als Grundbau der Bühne festgehalten werden. Durch ein solches klassisches Stammrepertoir wahrt die Bühne sich fortwährend ihre Ehre, ein Kunstinstitut zu sein, und nicht in frivole Richtungen abzuirren. Das klassische Stammrepertoir wahrt die Ehre der Kunst, der Bühne, und endlich des Publikums, welches sich nicht nur als eine zahlende Menge, sondern als eine intelligente Körperschaft betrachtet sieht. Durch ein klassisches Stammrepertoir kann der Sinn für das Höchste in der Kunst wohl bisweilen verdunkelt, niemals aber gänzlich vernichtet werden. Durch ein klassisches Stammrepertoir kann sich der Sinn für das Aechte und Wahre niemals ganz verflachen, denn das Publikum hat darin stets eine mächtige Wehr ächter Kunstinteressen. Nur dadurch ist es möglich, sich ein wirklich intelligentes und gebildetes Publikum zu schaffen, welches stets gegen die Herrschaft der Geschmacklosigkeit und Sinnlosigkeit Front macht.

Aber der Vorstand der Bühne kann nicht nur durch eine richtige Wahl der werthvollsten Novitäten und durch ein klassisches Stammrepertoir dem Publikum seine hohe Achtung beweisen, sondern auch vornämlich durch eine richtige Würdigung und Verwendung der Kräfte, über welche er zu verfügen hat. Das ist vielleicht der einzige Akt, worin sich der Bühnenvor-

stand schöpferisch und als intelligente Macht bewähren kann.
Die richtige Verwendung seiner Kräfte setzt zunächst eine entwickelte Erkenntniß derselben voraus. Der Bühnenvorstand
muß also das klarste Bewußtsein haben über die Stärke und
über die Schranke seiner Mitglieder. Er muß genau wissen,
welche Aufgaben er ihnen zutrauen darf und welche über ihre
Kräfte gehen. Nur durch dieses klare und entwickelte Bewußtsein ist es möglich, daß sich der Bühnenvorstand vor Miß-
griffen schützt und stets die richtige Wahl im Einzelnen trifft.
Nur dadurch kann der Bühnenvorstand dem Publikum die
höchste Achtung beweisen, daß er die Werke, welche er zur
Aufführung bringt, stets mit den besten Kräften, über welche
er zu gebieten hat, giebt. Die Achtung steigert sich noch mit
dem Werthe der Werke, welche zur Aufführung kommen. Je
bedeutender, je großartiger ein Kunstwerk ist, um so gebieterischer fordert es auch die beste Besetzung in allen Einzelnheiten. Hier ist der Punkt, wo der Bühnenvorstand, außer
seiner Intelligenz, sich zugleich als eine wahrhaft sittliche Macht
bewähren kann.

Indem der Bühnenvorstand stets nach objectiven Prinzipien
in der Besetzung verfährt, vermag er unbegründeten und aus
Eitelkeit stammenden Ansprüchen erfolgreich entgegen zu treten.
Nur dadurch ist es ihm möglich, auch das bisher verborgene
Talent an das Licht zu ziehn und künstlerisch zu heben. Beweist der Bühnenvorstand seine Erkenntniß in der von allen
persönlichen Rücksichten fernen Verwerthung seiner Kräfte, so
wird er dadurch auch den Mitgliedern diejenige Achtung ein-
zuflößen im Stande sein, welche bei einer Verletzung ihrer
Eitelkeit dennoch zuletzt das Richtige erkennt und sich fügt.
Gerechtigkeitsgefühl und künstlerisches Bewußtsein sind freilich
dazu die unerläßlichen Faktoren. Durch diesen hohen Beweis
der Achtung, welchen der Bühnenvorstand stets in der richtigen
Verwendung seiner Bühnenkräfte dem Publikum giebt, ist es
ihm endlich möglich, lange verborgene Schätze der Kunst wieder

an das Licht zu ziehen, Vergessenes wieder zur Gegenwart zu bringen, und dem Talente sogar schöne Bahnen zu seiner Entwicklung zu eröffnen. Die Achtung gegen das Publikum, welche hier mit der Achtung gegen die Kunst zusammenfällt, muß so mächtig in dem Bühnenvorstande wirken, daß derselbe eher ein dramatisches Werk unaufgeführt läßt, als es mit völlig ungenügenden Kräften in Scene zu setzen.

Nicht minder wird es aber auch seine Pflicht sein, aus Rücksicht für die Kräfte seiner Bühne dramatische Werke an das Licht zu ziehen, um dadurch einem etwa mächtigen Talente einen großen Wirkungskreis zu schaffen. Dadurch ist also schon die Wiederaufnahme eines lange nicht zur Aufführung gekommenen Werkes gerechtfertigt, wenn dadurch einem ächten Talente eine freie Bahn für seine Entwicklung und Verwerthung erschaffen wird. Alles das soeben Gesagte ist nur dadurch ausführbar, daß sich der Bühnenvorstand stets vorhalte: „es kommt nicht sowohl darauf an, daß täglich zu einer bestimmten Zeit Komödie gespielt wird, sondern wie sie gespielt wird." Nur dadurch endlich vermag sich der Bühnenvorstand zugleich als eine intelligente und wahrhaft sittliche Macht zu bewähren.

———

Kann man in der Inscenirung eines klassischen Dichterwerkes auch zu viel thun, und worin besteht dieses?

Bekanntlich hat Schiller, als er im Jahre 1804 in Berlin der Aufführung seiner „Jungfrau von Orleans" beiwohnte, gegen Iffland geäußert: „Ihr prachtvoller Krönungszug bringt meine Jungfrau um." Was hat der Dichter mit diesen Worten gemeint? Offenbar war ihm die Pracht des Krönungszuges nicht in dem richtigen Verhältniß zu der Tragödie selbst. Bei dem Anblicke des prachtvollen Krönungszuges ging offenbar durch seine Seele der Gedanke, daß die Massen durch denselben ungebührlich angezogen würden, und daß dadurch der Sinn für die Totalität des Dichterwerks beeinträchtigt würde. Der Krönungszug sollte also nach dem Dichter offenbar nicht als ein Prachtstück auf die Massen wirken, sondern nur als ein vorübergehendes Moment erscheinen. Durch die Pracht aber, so dachte er, wird das, was nur Mittel ist, zum Zweck erhoben, und bildet zuletzt den Hauptanziehungspunkt für die Massen. Jedenfalls erschien ihm also dadurch der Sinn für die Poesie seines Werkes beeinträchtigt. Das bei Gelegenheit des Krönungszuges hier Entwickelte kann aber auch als allgemeines Gesetz aufgefaßt werden, und lautet dann etwa so: Sobald irgend ein Theil des Dramas durch die Pracht der Inscenirung einen ganz unverhältnißmäßigen Antheil erweckt, und dadurch das richtige Verhältniß in der Inscenirung gestört wird, so ist dieselbe ein Uebel und ein offenbarer Nachtheil für das Dichterwerk selbst, denn es wird stets dadurch das Mittel zum Zweck verkehrt; die Inscenirung eines klassischen Werkes kann nämlich niemals einen anderen Zweck haben, als den, die Illusion der Poesie zu fördern, sie darf aber niemals für sich selbstständig wirken wollen. Man kann sich noch so viel darauf zu Gute thun, durch prachtvolle Aufzüge und Umzüge ein Dichterwerk zu schmücken, sobald man aber diesen Schmuck zum Zweck macht, welcher die Massen erobern und fesseln soll, so beeinträchtigt man dadurch stets die eigentliche poetische Kraft des Werkes; denn vor Allem gilt es doch, die Dichtung selbst in ihrer Reinheit und Größe zur Anschauung zu bringen, nimmermehr aber ein Beiwerk, und das bleibt doch zuletzt jede Inscenirung, zum Zwecke zu erheben. Anstatt also die Massen für dichterische Werke zu gewinnen und zu interessiren, leiht man ihnen eine Stütze, deren sie nicht bedürfen, und stumpft dadurch gerade den Sinn der Massen für das ächt Poetische, welches doch in ihnen geweckt werden soll.

ab. Man arbeitet also durch ein ungebührliches Gewicht, welches man durch eine prachtvolle Inscenirung eines einzelnen Theiles auf diesen legt, gegen die rechte poetische Wirkung, und zerstört gerade das, um dessen Erhaltung es zu thun sein muß, den reinen poetischen Sinn. Grund genug, sich durch keinerlei Rücksichten bestimmen zu lassen, einem einzelnen Theile eines Dichterwerkes eine ungebührliche Sorgfalt und Kostenaufwand zuzuwenden. Würdig, aber nicht prächtig, anständig und poetisch, aber nicht luxuriös sei die Devise für jeden Bühnenleiter.

Der verständige und der geniale Schauspieler.

Es lohnt sich wohl der Mühe, einmal die oben angeführten Gegensätze genau festzustellen und dadurch dem Unfug, welcher mit dieser Bezeichnung getrieben wird, ein Ende zu machen.

Ein verständiger Schauspieler ist derjenige, welcher den Sinn und die Bedeutung der Rolle richtig auffaßt, sich über sein Verhältniß mit den übrigen Personen des Drama's Rechenschaft giebt, und endlich seine Auffassung ohne störende Manier durchführt. Der verständige Schauspieler erreicht sein Ziel wesentlich durch Bildung und gründlichen Fleiß. Er ist für jede Bühne insofern ein Schatz, als er stets zur Hervorbringung eines ganzen Kunstwerks mitwirkt. Jede Bühne darf sich daher Glück wünschen, wenn sie viele verständige Schauspieler zu ihren Mitgliedern zählt. Der verständige Schauspieler darf daher stets der Anerkennung des gebildeten Publikums gewiß sein.

Der geniale Schauspieler ist dagegen stets schöpferisch, er schwingt sich durch seine Phantasie in die Region der darzustellenden Gestalt auf und stellt das Bild des Dichters vor uns hin. In dem Gesagten liegt schon, daß der geniale Schauspieler wohl für andere Schauspieler ein Vorbild sein kann, aber sich jedem Versuch, ihn zu copiren, durchaus entzieht, denn nur Aeußerlichkeiten können copirt werden, niemals aber die schöpferische Kraft. Daher lassen sich die Gebilde des genialen Schauspielers auch niemals vererben, auf andere Darsteller übertragen.

Der geniale Schauspieler ist in seinen Schöpfungen stets neu und interessant, weil er stets jeden darzustellenden Charakter mit seiner genialen Persönlichkeit vermittelt. In dem genialen Schauspieler liegt daher stets eine gewisse Wahlverwandtschaft zwischen seinem genialen Vermögen und dem Dichter, den er darstellt. Der geniale Schauspieler schafft seine Gebilde stets durch einen Akt innerer Nöthigung, d. h. weil er muß. Der geniale Schauspieler hängt sehr oft von seiner Stimmung ab, und wird daher oft hinter seinen eignen Intentionen zurückbleiben. Weder Lehre noch Unterricht können einen genialen Schauspieler machen, aber, wenn das geniale Vermögen in ihm ist, unendlich viel zu seiner Entwicklung beitragen. Der geniale Schauspieler wird endlich, und das ist sein höchster Triumph, selbst reformatorisch auf den Geschmack des Publikums wirken können, und den Sinn desselben für die höchsten dichterischen Schöpfungen beleben und immer neu entzünden.

Warum ist ein guter Regisseur, welcher seine Aufgabe erfüllt, so selten?

Die in der Ueberschrift ausgesprochene Thatsache wird man schwerlich bestreiten. Um aber nun den Grund dieser Erscheinung aufzufassen, muß man sich die Thätigkeit des Regisseurs zum Bewußtsein bringen. Der Regisseur soll das dramatische Werk aus dem Gebiet der Phantasie in die scenische Wirklichkeit übersetzen, er soll also gewissermaßen die Brücke schlagen, welche von der Phantasie zur dramatischen Darstellung führt. Um dies zu vermögen, muß der Regisseur zunächst ein Bild des gesammten Kunstwerkes in seinem Geiste tragen, und es zugleich in seinen besonderen Verhältnissen anschauen. Nur dadurch kann er den Darstellern in der Auffassung und Versinnlichung der Charaktere fruchtbar werden; nur dadurch kann er die Ueberkraft mäßigen und die Schwäche in eine Kraft verwandeln. Ein Regisseur, welcher sich darauf beschränkt den Darstellern zu sagen, ob sie von links oder von rechts kommen, treibt sein Geschäft völlig mechanisch, und ist durchaus unfähig, auf die poetische Darstellung eines Werkes einzuwirken. Die Sorgfalt des Regisseurs hat sich daher auf Alles zu erstrecken, was zur Darstellung gehört, und was die poetische Illusion erhöhen kann. Kennt er die Natur der einzelnen Charaktere nicht genau, so kann er darüber auch dem Darsteller keine künstlerischen Winke geben. Wir fordern daher vom Regisseur zunächst ein entwickeltes künstlerisches Bewußtsein über das Ganze wie über das Einzelne. Nur darum muß er stets das Ganze vor Augen haben, weil er dadurch dem Darsteller im einzelnen Falle, im Interesse des Werkes nützlich werden kann. Die Sorgfalt des Regisseurs muß sich auf Alles erstrecken, was zur dramatischen Darstellung nothwendig ist; er darf nichts für zu geringfügig halten, denn es kann zu einem schönen Pinselstrich für das ganze Gemälde werden. Ein Regisseur soll deshalb, weil er das Ganze stets zu überwachen hat, nicht zum Schulmeister herabsinken, welcher stets nur lehren will, da er sich auf kleinliche Dinge einläßt. Je wichtiger die Gesichtspunkte sind, welche er zur Geltung bringt, desto mehr werden seine Winke der dramatischen Darstellung zu Gute kommen. Diese eben angedeutete Wirksamkeit ist aber nur unter

der Bedingung möglich, wenn der Regisseur vor der
Aufführung das dramatische Werk bereits innerlich angeschaut und allseitig erwogen hat. Der Regisseur soll
durch seine Bemerkungen überzeugen. Dies ist aber nur
dann möglich, wenn er selbst ein entwickeltes Bewußtsein über alles Besondere und Einzelne hat. Er muß
daher für den Darsteller die Ueberzeugung erwecken, daß
er in das Ganze des Werkes tiefer eingedrungen ist als
die Darsteller der einzelnen Rollen; denn der Regisseur soll nicht durch ein Machtwort, d. h. durch die
bloße Autorität seiner Stellung wirken und seinen Anordnungen Gehör verschaffen, sondern er soll den Darstellern
unablässig die Ueberzeugung aufbringen, daß er mit
künstlerischem Sinne Alles erwogen hat, und daß alle
seine Anordnungen nicht Zufälligkeiten, welche der Laune
angehören, sondern in der Natur der Sache liegende
Nothwendigkeit sind.

Aber die Thätigkeit des Regisseurs ist zu gleicher Zeit
auch eine praktische, wenn wir nämlich das eben Entwickelte als eine theoretische bezeichnen. In dieser seiner
praktischem Thätigkeit kommt es nun vor Allem darauf
an, daß er sich das volle Vertrauen der darstellenden
Künstler erwirbt, so daß sie von der Ueberzeugung
durchdrungen sind, er wolle stets nur im Interesse
der Sache das Beste und sei durchaus entfernt von jeder
kleinlichen Eitelkeit. Um das praktische Verhalten zu
Mitgliedern der Bühne ergiebig und fruchtbar zu
machen, bedarf der Regisseur der sittlichen Kraft.
Diese zeigt sich vor Allem darin, daß er in jedem Augenblick die Ueberzeugung weckt, es sei ihm nur um die
Verwirklichung künstlerischer Interessen zu thun,
und daß dieser Rücksicht alle andern weichen müßten. Nur
dadurch kann er, was vielleicht das Schwierigste in seinem
Amte ist, der Eitelkeit siegreich begegnen, und obgleich er die-

selbe nicht selten zu verletzen genöthigt ist, dennoch die Ueber=
zeugung erwecken, daß sein Handeln völlig entfernt ist von allen
nur persönlichen Motiven. Dies aber bethätigt er dadurch am
besten, wenn er auch den Muth hat, die Rechte des Darstellers
bei dem Chef der Bühne zu vertreten.

Worin liegt bei den sogenannten Künstler= Dramen die große Gefahr für den dramatischen Dichter?

In neuerer Zeit haben sich auf der Bühne öfters soge=
nannte Künstler=Dramen gezeigt, jedoch ohne besonders
Glück zu machen. Und doch verriethen diese Werke nicht
selten Talent. Ein Künstler=Drama ist ein solches, wel=
ches einen bedeutenden und berühmten Künstler zum Helden
hat, sei derselbe ein Dichter, Bildhauer, Musiker u. s. w.
Auf den ersten Blick könnte es sehr dankbar erscheinen, eine
große Künstlernatur zum Mittelpunkt eines Dramas zu
machen. Aber dies ist nur Schein. Je größer und geist=
reicher ein Künstler in seiner Schöpfung ist, desto schwie=
riger wird es auch sein, ein entsprechendes Bild von ihm im
Drama zu geben. Der Zuschauer trägt von den geistreichsten
und berühmtesten Künstlern bereits ein Bild in seiner Phan=
tasie, welches er aus der Beschäftigung mit denselben ge=
wonnen hat. In der Regel wird nun dies Bild, welches der
Zuschauer im Drama von einem Künstler empfängt, hinter
dem Bilde zurückbleiben, welches der Zuschauer in seiner Phan=
tasie trägt und mit Liebe ausgebildet hat. Der dramatische
Dichter hat also die große Aufgabe, dies Bild des Zu=
schauers durch sein poetisches Gebilde im Drama zu
überbieten, was ihm in den wenigsten Fällen gelingen
wird. Dazu kommt, daß uns der Dichter den Künstler nicht

2*

in dem eigentlichen Akt seines Schaffens zeigen kann, denn
dieser Akt entzieht sich jeder sinnlichen Darstellung. Je geist=
reicher nun der Künstler in seinen Werken ist, je geistiger
die Kunst ist, in welcher er schafft, desto weniger wird das
Bild des dramatischen Dichters das Bild in der Phan=
tasie des Zuschauers decken. Derselbe wird also in den mei=
sten Fällen das dramatische Bild des Künstlers hinter
dem Bilde in seiner Phantasie zurückgeblieben erblicken.
Diese Vergleichung steigert sich natürlich zum Nachtheil
des dramatischen Dichters mit der geistigen Größe
des Künstlers, welche der Dichter zu zeichnen unternimmt.
Darum werden Größen wie Sophokles, Shakespeare und
Goethe fast immer erfolglos über die Bühne schreiten,
weil sehr selten Jemand das Bild seiner Phantasie in
denselben wiederfinden wird. Der dramatische Dichter,
welcher es unternimmt einen großen Künstler zu einer dra=
matischen Gestalt zu verarbeiten, wird stets Gefahr laufen,
dem Publikum weniger zu bieten, als dies bereits mithinzu=
bringt. Sobald sich aber der Zuschauer in dem, was ihm
geboten wird, getäuscht findet, ist dem dramatischen Dichter
schon die Spitze seiner Wirkung abgebrochen. Darum kann
man bei Künstler=Dramen nicht genug zur höchsten
Vorsicht mahnen und nur dann zu solchen Stoffen rathen,
wenn die **Situationen,** in welche ein Künstler in dem ihm
geweihten Drama versetzt wird, an und für sich so inter=
essant und fesselnd sind, daß sie auch an und für sich, selbst
unabhängig von dem großen Künstlernamen, anziehen und
spannen.

Die große Bedeutung des Goethe'schen Aus=
spruchs: „Nur wenig Menschen haben Sinn für
ein ästhetisches Ganze, sie tadeln nur stellen=
weise und entzücken sich nur stellenweise."

Dieser Ausspruch des großen Dichters hat heute noch dieselbe Geltung, als damals, wo Goethe diesen Gedanken zum
ersten Male ausgesprochen hat. Einem Manne, wie Goethe,
dem stets die Totalität am Herzen lag, mußte besonders
daran liegen, den Sinn für ein ästhetisches Ganze in den
Gemüthern seiner Nation zu wecken. Hatte er ja doch selbst
durch den Mangel an Sinn für ein künstlerisches Ganze vielfach gelitten und sah seine Schöpfungen oft den schiefsten Urtheilen ausgesetzt. Was verstehen wir unter dem Sinn
für ein ästhetisches Ganze? Nichts Geringeres als die
Empfänglichkeit des Geistes und des Gemüths für die Totalität einer Schöpfung. Diesem Sinne steht der Sinn
für die bloßen Einzelnheiten entschieden entgegen. Aber
die Gefahr liegt nahe, über dem Sinn für das Einzelne
den Sinn für die Totalität einzubüßen. Zur Anschauung
eines Ganzen vermag sich nur die freie Phantasie, und
das philosophische Denken zu erheben, denn beide bringen
stets auf ein Ganzes. Ein ächtes Kunstwerk kann sich
daher nur der dichterischen Phantasie und dem philosophischen Denken öffnen. Der Sinn dafür ist aber in
der That viel seltner, als man denkt. Fordert er doch
die Erhebung des Geistes zur Anschauung eines in sich
geschlossenen Ganzen. Die meisten Menschen aber halten
sich stets nur an Einzelnheiten. Sie loben das ihnen gerade
Zusagende und tadeln das, was ihnen etwa widerstrebt, ohne
sich dabei des letzten Grundes für das Eine oder Andere
bewußt zu sein. Wer ein Ganzes anschauen will, muß sich
bereits von den Eindrücken der Einzelnheiten befreit haben.

Er muß also das Bewußtsein haben, daß er nicht bei den Einzelnheiten stehen bleiben und sich nur in diese versenken soll, sondern daß er sich von ihnen zu einer Höhe, nämlich der alle Einzelnheiten umfassenden Totalität erheben müsse. Wer dies nicht vermag läuft Gefahr, das Einzelne eines Kunstwerks entweder zu überschätzen, oder zu gering anzuschlagen. Goethe nennt mit Recht den Sinn, durch welchen sich der Mensch zur Anschauung eines Ganzen erhebt, so selten, weil dieser Sinn stets eine schöpferische Thätigkeit der Phantasie und des Denkens voraussetzt. Weil dieser Sinn so selten ist, begegnet man auch so selten einem wahren lebendigen Sinne für ein ästhetisches Ganze. Daraus erklärt sich auch, warum große Kunstwerke fast niemals gleich bei ihrem Erscheinen gewürdigt werden, wie sie es verdienen, sondern im Bewußtsein der Menschen erst reifen müssen, ehe sie nach Gebühr gewürdigt werden. Kündigt sich irgendwo eine dem Künstler wahlverwandte Natur an, so zeigt sich dies in dem Sinne, mit welchem Jemand eine große Kunstschöpfung sogleich bei ihrem Erscheinen zu würdigen vermag. In Nichts bewährt sich in dem herrlichen Briefwechsel zwischen Schiller und Goethe die Hoheit ihrer Wahlverwandtschaft als darin, wie wir hier unter Andern von Schiller Geistes-Schöpfungen Goethe's empfangen und beurtheilt sehen. Während große Kunstwerke oft Jahre brauchen bis zu ihrem rechten Verständniß, faßt Schiller in dem gedachten Briefwechsel unter Andern sogleich die große Bedeutung des Goethe'schen Romans: Wilhelm Meisters Lehrjahre auf, und giebt darüber dem Freunde die geistreichste Rechenschaft. In dieser Beurtheilung kündigt sich der großartige, künstlerische Sinn Schiller's auf das beredteste an. Er anticipirt gleichsam einen ganzen Zeitraum, dessen es bedurfte, bis das Werk Goethe's in seiner großen Bedeutung anerkannt und gewürdigt wurde. Dieser Sinn für ein ästhetisches Ganze muß aber gebildet und erzogen werden.

Eine reiche Beschäftigung mit großen Kunstwerken, mit der Absicht, sich Rechenschaft von ihrer Größe und Bedeutung zu geben, ist dazu das sicherste Mittel. Dadurch schärft sich der ästhetische Sinn unendlich, und der Geist wird dadurch immer befähigter, **Kunstwerke ihrem Werthe und ihrer Bedeutung nach in sich aufzunehmen** und Andern zum Bewußtsein zu bringen.

Was versteht Goethe unter „Anticipation" in der Kunst und im Schaffen des Künstlers?

Goethe erwähnt häufig der „Anticipation" und gedenkt derselben oft bei der künstlerischen Thätigkeit, ohne doch jemals diesen Begriff erörtert und einer Entwickelung unterworfen zu haben. Wir wollen daher hier das von dem Meister Versäumte nachzuholen versuchen.

Was heißt überhaupt etwas in der Kunst anticipiren? Nichts Geringeres, als vermittelst der freien Phantasie etwas anschauen, ohne daß man es erlebt und erfahren hat. In keinem Gebiete der Kunst ist die Anticipation heimischer und durch die Natur der Sache gebotener, als in der dramatischen Poesie, denn der dramatische Dichter muß sehr Vieles zur Darstellung bringen, was er nicht erlebt und erfahren hat. Wäre er also nur auf das Selbst-Erlebte beschränkt, so könnte er auf diesem Gebiete fast keinen Schritt thun. Es liegt in der Natur der Sache, daß nur die freie Phantasie etwas anticipiren kann; denn sie schaut auch ohne daß der Mensch etwas, sei es ein Zustand, eine Stimmung, erlebt hat, durch ihre schöpferische Kraft an. Durch nichts beweist sich daher die Genialität eines Dichters so sehr, als durch das Vermögen, Zustände, Situationen und Stimmungen zu anticipiren d. h. sie lebendig darzustellen und zu versinnlichen, ohne sie jemals persönlich erlebt zu haben.

Die schöpferische Kraft des Dichters beweist sich nun durch Nichts glänzender als durch die Kraft, mit welcher er Zustände, Stimmungen und Situationen anticipiren kann. Je größer der **Dichter**, desto bedeutender wird auch stets seine Macht zu anticipiren sein. Auch hierin erscheint uns Shakespeare als der größte und schöpferischste Dichter aller Zeiten. Nicht nur daß sich in ihm die ganze Fülle der Menschheit in ihren mannigfaltigsten Gestalten und Abstufungen dargestellt und **versinnlicht** findet, hat er uns auch eine Fülle von Situationen und Zuständen erschaffen, von welchen er niemals etwas erlebt oder in sich erfahren haben konnte; dies aber hat er allein vermocht durch die schöpferische Kraft der Anticipation. So hat er uns unter Andern, ohne jemals Krieger gewesen zu sein, das Gefühl und die Stimmung eines ächten Helden in seinem Heinrich V. vor die Anschauung gebracht, so daß es fast scheinen könnte, als habe der große Dichter selbst als Feldherr Schlachten durchlebt! Und welch eine unendliche Fülle fast aller weiblichen Stimmungen, von der leidenschaftlichen Liebe der **Jungfrau** an bis zum glühendsten Muttergefühl hat dieser Dichter uns nicht gezeichnet! Man muß daher sagen, daß die gesammte Menschheit in seinem Geiste stets wach und lebendig gewesen ist, und daß er durch die Kraft der Anticipation allein diese unendliche Fülle von Zuständen hat erschaffen können! Und hat denn nicht auch Goethe eine so unendliche Fülle weiblichen Lebens, Empfindens und Denkens mit der siegreichsten Wahrheit hingestellt, was nur möglich war durch die Kraft seiner Anticipation? Man kann daher sagen, daß, je größer in einem Genius die schöpferische Kraft der Anticipation ist, um so reicher und wahrer die dramatischen Gestalten aus seinem Geiste hervorgehen werden. Ohne diese Macht der Anticipation ist ein wirklich

dramatiſcher Dichter gar nicht zu denken! Und dies
theilt die ganze antike Welt mit der modernen; denn
hat denn nicht auch Sophokles eine Fülle von Geſtalten
anticipirt? Ja, iſt denn die todesmuthige Heldin Antigone
ſelbſt nicht ein Geſchöpf, welches der große Dichter aus der
Fülle ſeiner ſchöpferiſchen Phantaſie anticipirt hat?
Aus dieſem Begriffe der Anticipation ließe ſich daher ſehr
wohl die ſchöpferiſche Kraft eines großen Dichters entwickeln und nachweiſen, was davon dem Erlebniß und der
Erfahrung angehört, und was aus dem tiefſten Abgrunde
ſeines ſchöpferiſchen Genius eben durch das Moment der
Anticipation erwachſen iſt.

Kritik des Leſſing'ſchen Ausſpruchs in Emilia Galotti: Würde Rafael, wenn er zufällig ohne Hände geboren wäre, nicht doch das größte Malergenie geweſen ſein?

Dieſer Ausſpruch Leſſing's iſt ſo bedeutungsvoll,
daß man billig nach der Wahrheit deſſelben fragt. Leſſing
legt offenbar in dieſem Ausſpruch den höchſten Werth der
künſtleriſchen Thätigkeit auf die **Conzeption**, d. h. auf die
ſchöpferiſche Kraft der **Phantaſie**, ein Bild innerlich
anzuſchauen. Indem Leſſing nun, auf dieſe Begabung,
ein Bild innerlich anzuſchauen, das höchſte Gewicht in der
künſtleriſchen Thätigkeit legt, hat er offenbar das eigentlich
ideale Moment des künſtleriſchen Schaffens vertreten,
und als das hauptſächlichſte Kriterium des Künſtlers
bezeichnen wollen. Wenn Leſſing alſo ſagt, daß Rafael,
zufällig ohne Hände geboren, doch das größte Malergenie
geweſen ſein würde, ſo will er offenbar dadurch nur ausdrücken, daß das, was Rafael zu Rafael macht, eben

die Conzeption der freien Phantasie, das schöpferische Vermögen sei, ein Bild innerlich anzuschauen und festzuhalten, daß nur dies den Künstler mache; und darin hat Lessing offenbar Recht. Lessing behauptet also, daß das künstlerische Genie wesentlich durch die Kraft der schöpferischen Phantasie bedingt werde. Und hierin muß man dem Ausspruch eine unbedingte Wahrheit zuerkennen. Aber der Ausspruch hat noch eine zweite Seite. Offenbar nimmt nämlich Lessing hier das Genie nur in dem Sinne, daß es das Vermögen bezeichnet, ein Bild in der Phantasie zu gestalten und festzuhalten.

Aber die Kunst ist nur Kunst durch die Ausführung dessen, was von der Phantasie geboren und erzeugt ist. Erst durch die Ausführung des innerlich Angeschauten bewährt sich das Genie als solches, oder mit andern Worten: das Genie verdient diesen Namen nur dann, wenn es die Kraft und das Vermögen hat, das innerlich Angeschaute auch zur Erscheinung zu bringen, d. h. seine ideale Welt in eine reale zu übersetzen. Vermag dies der Künstler nicht, bleibt seine Ausführung hinter dem Bilde seiner Phantasie entschieden zurück, oder mit anderen Worten, zeigt sich der Künstler in der Ausführung ohnmächtig, und nicht auf gleicher Höhe mit seiner schöpferischen Phantasie stehend, so fehlt dem Künstler das eigentliche Kriterium des Genies. Nun ist aber in der Malerei die Ausführung des innerlich Angeschauten durch das Organ der Hand eben so wesentlich und so unerläßlich als der Akt der schöpferischen Anschauung durch die Phantasie. Bleibt also die Ausführung sehr weit hinter der inneren Anschauung zurück, so beweist dies eben, daß das Genie nicht die Macht hatte, sich zur Objectivität zu entäußern, oder mit anderen Worten, daß es kein wahrhaftes Genie ist. Wenn also Rafael ohne Hände geboren wäre, so würde ihm, da die Hand das

einzige Organ ist für den Maler, das innerlich Angeschaute auszuführen, das höchste Kriterium des Genies,
eben die Objectivität fehlen. Ein Jeder hätte dann das
gleiche Recht, sich auch bei stümperhaften Arbeiten auf die
Macht seiner Phantasie zu berufen und zu erklären, daß er
nur das nicht habe zur Anschauung bringen können, was in
seiner Phantasie geboren worden. Man muß daher sagen,
daß, eine so große Wahrheit dieser Ausspruch in Emilia Galotti auch enthält, er dennoch eine Schiefheit und Unwahr-
scheinlichkeit in sich schließt, weil auf die Verwirklichung und
Objectivirung des innerlich Angeschauten ein viel zu geringes
Gewicht gelegt ist. Aber es ist von großer Wichtigkeit, daß
Lessing in diesem Ausspruch einen solchen Accent auf die That
der freien Phantasie gelegt und in ihr vorzugsweise das
Genie des Künstlers gefunden hat.

Bitte um die Einfügung einer wichtigen Scene in Schiller's Don Carlos.

Der große Umfang des Schiller'schen Don Carlos fordert
allerdings nothwendige Kürzungen, um das Werk nicht zu
ungebührlich über einen Theaterabend auszudehnen. Bei
diesen Kürzungen ist aber eine Scene zum Opfer gefallen, zu
deren Wiedereinführung wir im Interesse des Dichters dringend
auffordern; wir meinen die Scene zwischen dem König und
dem Großinquisitor im fünften Akte der Tragödie. Sie
ist im höchsten Grade charakteristisch und ächt dramatisch.
Durch diese Scene sehen wir das furchtbare und mächtige In-
stitut der Inquisition in seiner ganzen Bedeutung. Die Scene
bildet gewissermaßen den Abschluß des Bildes, in welchem uns
Schiller den religiösen Despotismus mit so ergreifenden Zügen
zeichnet. Wir sehen in dieser großartigen Scene den ab-

foluten Herrscher der mächtigen Inquisition unterthan, welche dem König ihre Macht in ihrem ganzen Umfange ent= gegenhält, gegen welche er fast zu einem blinden Werkzeug herabsinkt. Durch diese Scene empfangen wir das volle Bild der mächtigen und furchtbaren Glaubenstyrannei. Wir sehen aus dieser Scene, daß selbst der König sich diesem furcht= baren Tribunal nicht entziehen kann. Schiller hat absicht= lich den Großinquisitor zu einem blinden Greise von 90 Jahren gemacht. Seine körperliche Gebrechlichkeit sollte ihm nur als Folie für seine mächtige Stellung dienen, deren er sich im höchsten Grade bewußt ist. Die Art, wie der Groß= inquisitor dies Bewußtsein ausspricht, zeigt ihn uns ganz im Gefühle seiner furchtbaren Macht. Alles wirkt in dieser Scene darauf hin, das Bild der Glaubenstyrannei zu vollenden. Zum Verständniß des Werkes halten wir diese Scene für un= erläßlich. Man kürze lieber an einer andern Stelle, nament= lich in den Scenen des dritten Aktes und stelle diese großartige Scene, eine wahre Perle des Schiller'schen Genius, unverkürzt für die Darstellung wieder her.

Erklärung einer Stelle aus der Unterredung zwischen König Philipp und Marquis von Posa im dritten Akt des Don Carlos.

Die Worte, deren Sinn wir erläutern wollen, lauten: Marquis von Posa sagt in dem Augenblicke höchster Begeisterung zum König:

Geben Sie,
Was Sie uns nahmen, wieder! Werden Sie
Von Millionen Königen ein König!

Was wollen diese Worte des Marquis sagen? Soll ihr Sinn der sein, welchen man in der Regel mit ihnen zu ver=

binden pflegt: „Werden Sie unter den Millionen schlechter,
despotischer Könige ein wahrhafter König!" so wird man zugeben, daß sowohl der Ausdruck dafür ziemlich ungeschickt gewählt ist, als auch zugleich eine fast lächerliche Hyperbel einschließt. Posa würde nämlich sagen: Millionen Könige haben
den Völkern ihre Freiheit genommen oder vorenthalten. Unterscheiden Sie sich von der unermeßlichen Anzahl von Königen
dadurch, daß Sie Ihrem Volke Gedankenfreiheit bewilligen.
Abgesehen von dem mindestens zweideutigen Ausdruck: „Werden
Sie von Millionen Königen ein König" ist die Hyperbel von
den Millionen despotischer Könige, unter welchen Philipp endlich
einmal ein wahrer, freisinniger König werden solle, geradezu
eine Ungereimtheit. Enthalten ferner diese Worte, wenn dies
nämlich der Sinn derselben sein sollte, eine Steigerung
gegen das unmittelbar Vorhergehende, was sie doch offenbar sollen? Ist ein innerer Zusammenhang zwischen den beiden
Gedanken: Geben Sie uns die Gewissens- und Gedankenfreiheit,
welche Sie uns nahmen, wieder und: Werden Sie endlich einmal ein wahrer, d. h. ein freisinniger König, nachdem die
Weltgeschichte Millionen despotischer Könige aufzuweisen gehabt
hat? Bei dieser Erklärung begegnet man auch noch der Schwierigkeit, einmal zu dem Worte: König das Prädicat: schlecht,
tyrannisch u. dgl., und das andere Mal das Prädicat:
wahrhaft, hochgesinnt u. dgl. hinzudenken zu müssen.
Denn nur durch diese Ergänzung gelangt man zu der oben-
gedachten Erklärung.

Welchen andern Sinn aber können diese Worte haben?
Wir glauben einen eben so tiefen, als mit dem Charakter des
Posa übereinstimmenden. Schiller begreift hier nämlich
unter dem Ausdruck: König, den von der Knechtschaft er-
lösten, den freigewordenen Menschen. Ganz in demselben Sinne wie der Dichter in seiner unüberwindlichen Flotte
von der englischen magna charta sagt, sie sei das große Blatt,
„das deine Könige zu Bürgern, zu Fürsten deine

Bürger macht," braucht er hier den Ausdruck König, das
erste Mal gleichbedeutend mit: freigewordene Bürger,
Menschen, welche sich selbst regieren, also in den Besitz ihrer
Freiheit gekommen sind. Ganz in diesem Sinne sagt die
Königin zum Marquis Posa (Akt 1, Scene 4) „Jetzt, sagt
man, sind Sie gesonnen, in Ihrem Vaterland sich selbst zu
leben!"

> Ein größerer Fürst in Ihren stillen Mauern,
> Als König Philipp auf dem Thron — ein Freier!
> Ein Philosoph!

Sie nennt hier den innerlich freien, keinem despotischen
Fürsten sich beugenden Marquis einen Fürsten, und iden-
tificirt so unmittelbar den Freien, den Philosophen mit dem
Fürsten, das also hier ebenfalls symbolisch genommen ist.
Zu solchen freien Menschen soll die Menschheit erzogen werden. Die Bürger eines freien Staates, in welchem das
Recht eine Wahrheit und die Seele des Staates geworden ist,
das jeder Einzelne selbst mit hervorbringt, sind Könige, weil
sie von keinem ihnen aufgedrungenen, sondern aus ihrer freien
Selbstbestimmung stammenden Gesetze abhängig sind. Nun ist
der Ausspruch des Marquis Posa zu König Philipp nicht nur
ganz in seinem Geiste, sondern auch in innerstem Zusammen-
hange mit dem unmittelbar Vorhergehenden. Demnach ist der
Sinn der fraglichen Stelle dieser: „Geben Sie uns die Freiheit, welche Sie uns nahmen, wieder; werden Sie von Millionen
dadurch freigewordener Menschen ein König. Sie
sind bis jetzt nur ein König über Knechte gewesen, und waren
dadurch selbst unfrei; ein wahrer König sind Sie erst, wenn
die Bürger Ihres Staates freie Menschen geworden sind."
Nun ist der Ausdruck: „Von Millionen Königen" durchaus an seiner Stelle, weil darunter die Millionen der Unter-
thanen verstanden sind, welche Philipp beherrscht. Der Ge-
dankenzusammenhang, der Schillern sehr geläufige symbolische
Gebrauch des Wortes König oder Fürst, der dem Charakter

des Marquis von Posa viel mehr entsprechende Sinn der gedachten Worte, endlich die Abwesenheit jeder sprachlichen Unbe-
hülflichkeit, alles dies vereinigt sich, die von uns versuchte Erklärung der fraglichen Stelle als den einzig wahren Sinn
derselben erscheinen zu lassen und die so allgemein gewordene,
nur aus oberflächlicher Reflexion hervorgegangene Auffassung
der gedachten Worte fortan in das Reich der Träume zu ver-
weisen.

Ist in Shakespeare irgend eine Spur eines Tendenz=Dramas zu entdecken?

Ehe wir diese Frage in Bezug auf Shakespeare beantworten,
müssen wir uns das Wesen des Tendenz-Dramas vergegenwärtigen. Jedes Tendenz-Drama verfolgt irgend einen praktischen Zweck. Die dramatische Handlung, als solche, genügt
ihm nicht, es will sie vielmehr nur zum Mittel für einen
außerkünstlerischen Zweck herabsetzen, um die Gemüther in eine
bestimmte Richtung zu bannen oder gar zu praktischen Zwecken
fortzureißen. Es liegt also in der Natur des Tendenz-Dramas,
daß ihr das rein künstlerische Interesse nicht genügt, sondern
daß es die dramatische Handlung zu außerkünstlerischen Zwecken
herabsetzt. Den großen, kunstsinnigen Griechen war daher
das Tendenz-Drama völlig fremd. Dasselbe kann man von
dem größten Dichter der modernen Welt, von Shakespeare,
sagen. Je größer ein Künstler ist, desto weniger wird er auch
die Kunst zum Mittel für außerkünstlerische Zwecke herabsetzen.
Daher läßt sich auch in keinem Shakespeare'schen Stück irgend
eine Spur eines Tendenz-Dramas entdecken. Und wahrlich,
das ist keiner seiner geringsten Vorzüge. Wenn man sich also
auf Shakespeare beruft und ihn als höchstes Muster hinstellt,
so folge man ihm auch darin, daß man die Kunst, und
namentlich die dramatische Poesie für zu hoch hält, um sie zu

einem bloßen Mittel für einen außerkünstlerischen Zweck herab-
zuseßen.

Worin liegt der Zauber, welchen gerade Shakespeare's Hamlet auf alle Klassen der Gesellschaft ausübt?

Mit Shakespeare's Hamlet verhält es sich fast so,
wie mit Goethe's Faust. Obgleich derselbe das tiefsinnigste
Werk der dramatischen Poesie der Deutschen ist, so ist es zugleich doch auch wieder das populärste. Kein dramatisches
Werk der deutschen Poesie hat stets so sehr alle Räume des
Theaters gefüllt, und eine solche Anziehungskraft ausgeübt,
als Goethe's Faust. Sehr natürlich! Ein Jeder nimmt
sich aus Goethe's Faust stets Etwas mit nach Hause und
findet bei ihm seine Rechnung!

Aehnlich verhält es sich mit Shakespeare's Hamlet.
Troß der oft erbärmlichsten Aufführung hat Hamlet stets seine
Anziehungskraft bewährt. Und das liegt vornämlich in dem
Geheimnißvollen, welches das Werk darbietet.

Ein Jeder fühlt, daß troß alles Sinnens und Grübelns,
doch stets noch Etwas zurückbleibt, was sich vom Verstand
nicht völlig auflösen läßt, was, während es den Verstand
immer wieder zum Forschen und Nachdenken reizt, doch niemals von
ihm ganz aufgelöst werden kann. Und darin liegt gerade der
besondere Zauber dieses wunderbaren Werkes. Es regt der
Hamlet unablässig an, läßt aber doch immer noch einen Bruch
zurück, der sich nicht völlig auflösen läßt. Gerade dieser
Widerspruch, diese entgegengesetzte Strömung bietet dem Geiste
eine so unendlich fruchtbare Anregung dar.

In dem Gesagten liegt es auch, daß fast kein Ausleger
des Hamlet gänzlich gefehlt, keiner aber auch die Tiefe dieses
wunderbaren Werkes erschöpft hat.

Aus dieser widerstrebenden Bewegung kommt man gar nicht bei Hamlet heraus. Er beschäftigt den Verstand fortwährend, giebt immer neue Räthsel auf, und erschöpft doch die Tiefen dieses Werkes niemals ganz. Hamlet bannt also stets in einen Zauberkreis, indem er sich auch an den Verstand wendet und denselben doch zugleich auch wieder für unzureichend erklärt, das Kunstwerk ganz zu begreifen. Selbst in dem Verworrensten, was über Hamlet geschrieben worden ist, liegt doch noch immer ein Gran Wahrheit, und in der Entwickelung dieses Kunstwerkes sind alle Fragen, welche es anregt, aufgelöst! Hamlet bleibt daher in gewissem Sinne das Buch der Bücher, weil er Alles in sich schließt, was unsern denkenden Geist beschäftigt, unser fühlendes Gemüth ergreift. Darin liegt es endlich auch, daß noch niemals der begabteste Routinier den Hamlet im Sinne des Dichters gespielt hat, daß aber auch der genialste Darsteller des Hamlet wieder Seiten darbieten wird, mit welchen man sich nicht einverstanden erklären kann.

Ist der fünfte Akt im Kaufmann von Venedig von Shakespeare im Organismus des ganzen Kunstwerks begründet?

Wer den Werth eines Dramas oder eines Aktes nur nach dem Maaße mißt, in welchem sich darin eine äußere Handlung entwickelt, und überhaupt ein Fortschritt der Handlung darstellt, der wird auch den fünften Akt des Kaufmann von Venedig für ziemlich überflüssig erklären. Denn die Handlung selbst schreitet darin so gut wie gar nicht fort, und durch das Ausscheiden des Shylock am Schluß des vierten Aktes scheint auch das Interesse am Schluß desselben aufgehoben. Daher haben auch viele Bühnen, besonders wenn sich ein bedeutender Gast als Shylock zeigte, das Stück mit dem vierten Akte geschlossen, und den fünften ganz ausfallen lassen. Ehe man sich aber entschließt, in einem Shakespeare'schen Drama einen Akt für überflüssig zu erklären, fordert doch die Pietät gegen den großen Dichter auf zu untersuchen, ob derselbe nicht im ganzen Kunstwerk begründet ist.

Der vierte Akt hatte geendet mit der Vernichtung des Shylock. Der Vertreter des starren Buchstabens war durch die geistreiche Porzia wiederum durch den Buchstaben vernichtet worden, der Buchstabe also hatte den Buchstaben getödtet, und damit den Geist **lebendig** gemacht. Aber die Anlage des ganzen Werkes, seine künstlerische Composition hatte uns von Anbeginn die Ueberzeugung aufgedrungen, daß das Drama sich heiter und befriedigend vor uns abschließen würde. Die gründlichste Gewähr dafür war durch die Gestalt der Porzia selbst gegeben. Durch diese von Geist und Humor sprudelnde Persönlichkeit hatten wir die Anschauung gewonnen, daß sich Alles in dem Werke zu der reinsten Harmonie auflösen würde. So tragisch auch für einen Augenblick sich die Katastrophe, welcher Antonio zu erliegen droht, vor uns aufthut, so hat uns doch das Drama die Ueberzeugung aufgedrungen, daß sich Alles in ihm friedlich und heiter lösen müsse. Dies war durch die geistreiche Erfindung der Porzia erwirkt worden, welche also durch ihre ganze Persönlichkeit auf einen endlichen, in sich harmonischen Abschluß hinweist, und das leistet eben der **fünfte Akt** unseres Schauspieles! Seine hohe künstlerische Bedeutung ist also die, daß in ihm alle Dissonanzen völlig verklingen und nur die Töne der reinsten Harmonie an unser Ohr dringen. Der fünfte Akt kann seiner Natur nach daher nur kurz sein, da die äußere Handlung in ihm sehr zurücktritt, und es wesentlich nur durch die Intention des Dichters bedingt ist, uns mit

der befriedigtsten und heitersten Stimmung zu entlassen. Nur
Barbarei kann daher den fünften Akt des Schauspiels
für überflüssig erklären, weil die äußere Handlung mit
dem vierten Akt geschlossen ist, während ein ächt künstlerischer Sinn in ihm den durch den ganzen Bau des Kunst-
werkes·bedingten Ton erfüllt findet. Man darf es daher wohl
als eine Schmach selbst bedeutender Bühnen bezeichnen,
wenn sie, von der Vorstellung ausgehend, daß mit Shylock's
Verschwinden das Interesse an dem Kunstwerke erloschen
sei, den fünften Akt für überflüssig erklären.*) Einem Genius
wie Shakespeare gegenüber sollte man doch billig zunächst an
seinem vorschnellen Urtheil zweifeln, und sich gründlich fragen, ob der Dichter mit dem für überflüssig erklärten
fünften Akt nicht vielleicht eine tiefe Intention erfüllt
habe. Dadurch wird man sich immer amsichersten vor einem
vorschnellen, den großen Dichter verletzenden Urtheil
schützen. Der Kaufmann von Venedig belehrt uns also
auch darüber, daß es unserer würdiger ist, zunächst an der
eigenen Meinung zu zweifeln, als sich durch einen unmotivirten Tadel über den Genius zu stellen.

Der Zweikampf in der dramatischen Poesie im Unterschiede von dem Zweikampf im Leben.

In der dramatischen Poesie wird die Katastrophe nicht
selten durch einen Zweikampf herbeigeführt. Es könnte zunächst
scheinen, als ob dadurch die Katastrophe von einer Zufälligkeit

*) Der Verfasser erinnert sich noch sehr genau einer Vorlesung des
Kaufmanns von Venedig bei L. Tieck. Als der Verfasser am Schluß
der Vorlesung zu Tieck sagte: es ist doch unbegreiflich, wie so viele
Leute den fünften Akt des Stückes für überflüssig erklären können,
erwiederte Tieck: Sie wollen also sagen, daß es noch immer viele
Barbaren giebt!

abhängig gemacht würde, indem im Zweikampf in der Regel die größere Waffengewandtheit und Kaltblütigkeit entscheidet. Nun soll aber in der dramatischen Poesie Alles, besonders aber die Katastrophe, den Charakter der Nothwendigkeit an sich tragen. Wie verhält sich dazu die Entscheidung durch den Zweikampf? Im Leben muß man sagen, entscheidet im Zweikampf allerdings die größere Waffengewandtheit und Kaltblütigkeit, nicht das Recht und die sittliche Nothwendigkeit. Anders aber in der dramatischen Poesie. Hier stellt sich der Unterschied vom gewöhnlichen Leben so dar, daß das an sich Vernünftige und Nothwendige auch zum Siege kommen soll! Wie vereinigt sich nun diese Forderung mit dem Charakter der Zufälligkeit, welche bei dem Zweikampf stets eine große Rolle spielt? In der Kunst soll stets im Unterschied vom Leben, das in sich Vernünftige und sittlich Nothwendige zu seinem Rechte kommen. In der dramatischen Poesie wird also stets die Entscheidung durch den Zweikampf den Charakter eines Gottesurtheils erfüllen müssen, oder mit anderen Worten, in der dramatischen Poesie muß der im Zweikampf Siegende auch der zum Siege sittlich Berechtigte sein. Der Zweikampf ist also in der dramatischen Poesie nur eine Form, durch welche das Vernünftige wirklich zur Entscheidung kommt. Der Zweikampf in der dramatischen Poesie muß sich stets als ein wirkliches Gottesurtheil darstellen, durch welches der Schuldige das erleidet, was er verdient hat, wo also ein entgegengesetzter Ausgang sich als eine Verletzung des sittlichen Geistes herausstellen würde. Der Zuschauer soll in der dramatischen Poesie stets mit dem Ausgang des Zweikampfes einverstanden sein, weil durch denselben nur dasjenige gesiegt hat, was durch seine Natur zum Siege berufen ist.

Sobald also in der dramatischen Poesie die Frage entstehen kann, warum dieser, und nicht jener gesiegt hat, so ist damit schon der Zweikampf verurtheilt. Das Gesagte wird auch hier wieder von dem größten Dichter aller Völker und Zeiten, von Shakespeare, bestätigt. Wo sich in seinen Tragödien der Zweikampf findet, ist die durch ihn herbeigeführte Entscheidung stets ein Gottesurtheil, d. h. ein Zeugniß für das sittliche Recht des Siegers. Der entgegengesetzte Ausgang würde also überall bei Shakespeare eine Verletzung des sittlichen Geistes in sich schließen. Shakespeare hat in seinen Tragödien vier Mal den Zweikampf als letzte Entscheidung gestattet. Richard III., Macbeth, Edmund im Lear fallen durch Richmond, Macduff und Edgar. In diesen drei Fällen erliegen drei große Verbrecher im Zweikampf durch die sittlich hohen und berechtigten Gestalten des Richmond, Macduff und Edgar. Dazu kommt noch der Zweikampf zwischen Romeo und Graf Paris in Romeo und Julia. Auch hier triumphirt durch den Ausgang das höhere Recht. Romeo, welcher die sittliche Macht der freien Neigung vertritt, siegt über Graf Paris, welcher, da er die Ehe mit Julia ohne Uebereinstimmung ihrer Neigung eingehen will, das Recht der freien Neigung verletzt. In allen vier Fällen hat also hier der Ausgang des Zweikampfes die Bedeutung, daß das durch seine sittliche Berechtigung zum Siege Berufene in der That siegt. Sobald der Zweikampf, wo derselbe in der dramatischen Poesie auftritt, nicht die Bedeutung erhält, daß durch seinen Ausgang das in sich Berechtigte, Vernünftige und Sittliche wirklich auch zum Siege gelangt, ist der Zweikampf nicht nur bedeutungslos, sondern offenbar eine Verletzung des sittlichen Geistes.

Wie kann der Wahnsinn in der Tragödie eine berechtigte Stellung einnehmen?

Gewiß ist es von hohem Interesse, zu wissen, ob die Darstellung des Wahnsinns auf der Bühne eine künstlerische Be-

rechtigung hat oder nicht? Der Wahnsinn zeigt uns allerdings
zunächst die Nachtseite des menschlichen Geistes, und es könnte
daher scheinen, als ob die dramatische Poesie, welche es nur
mit selbstbewußten Wesen zu thun hat, die Darstellung dieses
Zustandes unbedingt ausschlösse! Dies ist nur dann insofern
richtig, als der Wahnsinn als Zustand betrachtet, in einer
dramatischen Gestalt nicht so auftreten kann, daß wir ein Subject von Hause aus dem Wahnsinn überliefert sehen, daß es
uns also sogleich als Wahnsinniges entgegentritt! Wohl aber
ist der Wahnsinn, insofern er als ein Prozeß erscheint,
welcher sich des Individuums bemächtigt hat, in der Tragödie
zulässig. Die antike Tragödie kennt allerdings den Zustand
des Wahnsinns nicht; sie schließt denselben so nothwendig aus,
wie die Darstellung des Bösen in seiner Alles vernichtenden
Selbstsucht. Richard III. ist für die antike Tragödie eben so
unmöglich als wie Ophelia. Wohl aber hat der Wahnsinn
als Moment in der Tragödie seine künstlerische Berechtigung,
wenn er uns als ein Resultat vorangegangener Kämpfe und
als endliches Ergebniß furchtbarer Schicksalsschläge entgegentritt.
Hier erscheint dann der Wahnsinn als ein Zustand, welchem
das Subject keinen Widerstand mehr entgegensetzen konnte.
Poetisch kann aber die Darstellung des Wahnsinns in der
Tragödie nur dann werden, wenn uns der Dichter den ganzen
Prozeß seines Werdens und Entstehens mit so eindringlicher
Wahrheit darstellt, daß wir in ihm das endliche Resultat vor-
angegangener Leiden erblicken. Diese so eben ausgesprochene
Bedingung erfüllen in vollem Maaße die beiden Gestalten der
Shakespeare'schen Muse: König Lear und Ophelia. In beiden
erscheint der Wahnsinn als das letzte Ergebniß der Schick-
salsschläge, welche sie erduldet haben, und welchen sie keine
Kraft mehr entgegenzusetzen hatten. Beide Gestalten, so
unendlich unterschieden sie auch sonst sind, wirken im Wahnsinn dadurch so erschütternd, weil uns derselbe zugleich die
Wurzel seiner Entstehung offen darlegt und uns das Wahre

enthüllt, welches diesen Zustand herbeigeführt hat. Es ist daher nothwendig zur poetischen Berechtigung des Wahnsinns, daß derselbe niemals der Ausdruck der nackten Tollheit oder Narrheit sei, sondern daß er vielmehr die Quelle seines Werdens durchscheinen lasse; kurz, daß sich noch Vernunft in der Raserei offenbare. Beide Bedingungen erfüllen die genannten Gestalten im höchsten Grade; denn aus beiden spricht die Vernunft in der Raserei, und offenbart uns dadurch die künstlerische Berechtigung, sie also gezeichnet zu haben. In beiden sehen wir den Wahnsinn als Resultat vorangegangener Leiden und furchtbarer Schicksalsstürme, welchen ihre Träger keinen Widerstand entgegenzusetzen hatten.

Da der Wahnsinn, um überzeugend zu wirken, uns die Gewißheit aufbringen muß, daß jeder Widerstand dagegen fruchtlos gewesen, so erscheinen das Greisenalter und die zarte Jugend als die für die Darstellung des Wahnsinns geeignetsten Faktoren. Dies bestätigen Lear und Ophelia vollständig. In Lear erscheint der Wahnsinn als das letzte Ergebniß furchtbarer Schicksalsstürme, welche den Greis heimgesucht und den Rest von Vernunft in ihm aufgezehrt haben. Ophelia's Wahnsinn ist das Resultat der schmerzlichsten Leiden, welche auf das Mädchen eingestürmt haben. Der Tod des Vaters durch die Hand des Geliebten und völlig getäuschte Hoffnung auf eine Verbindung mit Hamlet haben Ophelia endlich in diesen Zustand hinein getrieben. In beiden Gestalten ist das, was sie leiden, größer und gewaltiger als ihre Schuld. Sie büßen durch ihren Wahnsinn mehr als sie gesündigt haben. Darum wirkt auch ihr Wahnsinn so erschütterd und zermalmend! Das Wahre liegt darin, daß der Zustand des Wahnsinns in beiden Gestalten das Unrecht überragt, welches sie verübt haben, daß also das Schicksal ein größeres Leid über diese Naturen verhängt, als sie durch ihr Vergehen verdient und geweckt haben. Darum, weil das Maaß der Strafe in Lear wie in Ophelia größer ist als ihre Schuld, darum ruft sie auch das größte Mitleid in uns auf. Der Wahnsinn heiligt gleichsam diese beiden Gestalten, weil er in unserer Seele jeden Vorwurf zurückdrängt, welcher sich etwa aus unserer Brust hervordrängen will. Ja, es liegt in dem ungeheueren Wehe dieser beiden Naturen auch schon insofern eine Versöhnung angebahnt, weil dieser Zustand des Wahnsinns sie härter trifft, als sie durch ihre Schuld verdient haben. Wird ein großartiger Verbrecher und Bösewicht dem Wahnsinn überantwortet, so entgeht er dem eigentlichen, viel furchtbareren Strafgericht, welches der Mensch durch seine innere Veröbung und Zerstörung an sich erfahren muß. Darum hätte Shakespeare die beiden großen Verbrecher Richard und Macbeth niemals dem Wahnsinn überliefern können, sondern der Dichter mußte sie uns, wie er auch gethan, in ihrer inneren furchtbaren Zertrümmerung zeigen, welche ihrem endlichen Untergang vorausgeht.

Was ist traurig, was ist tragisch?

Wenn ein schönes, hoffnungsvolles Mädchen durch eine verheerende Seuche hinweggerafft, und ihre Familie dadurch einer wahrhaften Freude und eines Trostes beraubt wird, wenn ein Erdbeben oder eine Ueberschwemmung ganze Städte verwüsten und zertrümmern, so ist das **traurig**, sehr **traurig**, aber nicht **tragisch**! Wenn aber ein heldenmüthiges Mädchen den **heroischen** Entschluß faßt, trotz des Verbots des Herrschers den geliebten Bruder zu beerdigen und mit Todesmuth dies ausführt, so ist dies **tragisch**. Was folgt aus dem Gesagten? Das bloße Leiden ist **niemals tragisch**, es gehört dazu etwas, wodurch erst der Stempel des Tragischen aufgedrückt wird, und dies ist eine **sittliche Berechtigung**. Nur das sittlich Berech-

tigte kann uns, wenn es in Kampf und Tod eingeht, tragisch berühren, weil unser Gemüth nur da ein volles
Interesse weiht, wo es im Tiefsten berührt wird. Aus
dem Gesagten folgt, daß, wo in der Kunst ein tragisches
Motiv auftritt, uns dasselbe sittlich und geistig zugleich
interessiren soll. Das Moment einer sittlichen Berechtigung muß also stets da sein, wo wir tragisch empfinden sollen. Darin liegt schon, daß die bloße Unschuld,
als Unschuld, völlig außerhalb des Tragischen liegt.
Die Unschuld bleibt also für die Tragödie der unbrauch-
barste und schlechteste Faktor. Wer ein sittliches Moment vertritt, ist aber erst dann tragisch, wenn er dasselbe
mit der ganzen Energie des Geistes und des Gemüths
durchzusetzen strebt, und sich dafür einsetzt. Es ist also
natürlich, daß von jeder uns tragisch berührenden Persönlichkeit vor Allem Energie des Wollens und
Handelns gefordert wird, daß also dem Tragischen nichts
mehr widerspricht als Schwäche des Willens und Halb-
heit der Gesinnung. Alles Tragische, welches seine Zwecke
durchsetzen will, muß nothwendig in Kampf gerathen mit
anderen Mächten, und dies liegt darin, weil das tragische
Pathos allemal ausschließlich ist, und nichts
Anderes will, als sich durchsetzen. Damit ist schon bedingt,
daß alles Tragische in einen Kampf tritt, weil es gar kein
anderes Recht anerkennt, und anerkennen kann, als sein
eigenes Pathos. Vom Tragischen ist also die sittliche
Berechtigung eben so untrennbar als die Schuld. Wer
überhaupt rücksichtslos etwas will, tritt damit schon in
Collision mit anderen Mächten, die gleichfalls ein Recht
der Existenz haben. Jedes tragische Pathos beschwört
also nothwendig ein anderes Pathos herauf, mit welchem
es in den Kampf tritt.

Je berechtigter nun das Moment ist, welches das
Tragische vertritt, um so reiner erscheint es in seiner

Kraft. Je weniger berechtigt das Interesse ist, welches das Tragische vertritt, um so weniger entspricht es auch seinem Begriffe. Daß also ein liebendes Mädchen oder ein liebeglühender Jüngling den Gegenstand ihrer Wahl nicht für sich erringen können, ist noch nicht tragisch, das wird es erst, wenn es sie in den Kampf mit anderen Mächten treibt, welche ebenfalls ein Recht der Existenz haben. Daß Romeo und Julia einander lieben und in Liebesseligkeit für einander schwelgen, ist noch gar nicht tragisch. Tragisch werden diese beiden Naturen erst dadurch, daß sie in den Kampf mit dem elterlichen Willen treten, der auch eine Berechtigung hat. Unser Gemüth aber wird dadurch ergriffen, daß wir sehen, wie diese Naturen auch mit ihrer Liebe wahrhaft Ernst machen, indem sie für einander sterben! Erst dies drückt ihrer Liebe den Stempel der Berechtigung auf. Je mehr also Kämpfe uns entgegentreten, in welchen Schuld und Recht gleichmäßig vertreten sind, desto tragischer ist ein Schicksal. Nichts Unbrauchbareres für die Tragödie als die pure Unschuld, weil dieselbe den Kampf und die Collision ausschließt. Je verschlungener beide Momente sind, je weniger sie also von einander abgelöst werden können, desto tragischer ist unser Interesse. Alles Tragische tritt also stets mit einer gewissen Nothwendigkeit auf, indem es uns die Ueberzeugung aufdringen soll, daß nicht anders empfunden und gehandelt werden konnte, als es geschehen ist. Nur dadurch, daß ein Pathos uns mit dem Gefühl einer unabweislichen Nothwendigkeit erfüllt, ist es wahrhaft tragisch. Alles Tragische schließt also nothwendig ein Andersseinkönnen aus. Darin liegt seine Stärke, und zugleich seine Hoheit. Sobald wir uns durch ein tragisches Pathos wahrhaft gerührt fühlen, werden wir auch stets in den Kreis des Empfindens und Wollens hineingerissen, der uns tragisch berührt, und unser

Gemüth verweilt mit wahrer Befriedigung auf der Ausbrei=
tung dieser tragischen Gewalt, weil sie uns das Bewußtsein
der Nothwendigkeit aufdringt. Alles Tragische schließt
mithin die Willkür entschieden aus, es soll wie eine
Naturgewalt auf uns einwirken. Die Freiheit ist der
eigentliche Boden für alles Tragische! Weder der Gott,
der über aller Wahl steht, noch der Sclave können tra=
gisch sein; nur das kann uns wahrhaft tragisch berühren
und ergreifen, was in freier Selbstbestimmung vor
uns liegt. Diese Freiheit fällt aber in allem Tragischen
insofern mit der Nothwendigkeit zusammen, als sie eine andere
Bestimmung ausschließt. Je mehr uns also eine tragische
Persönlichkeit das Bewußtsein aufdringt, in ihrem Em=
pfinden, Denken und Wollen nicht anders sein zu können,
als sie wirklich ist, desto reiner erscheint in ihr das Tra=
gische. Was z. B. die Antigone des Sophokles zu
einem so hohen Muster des Tragischen macht, ist wesentlich
dies, daß wir durch sie von der Ueberzeugung erfüllt werden,
sie könne gar nicht anders empfinden und handeln
als sie thut. Je mehr nun ein Dichter uns in seiner Tra=
gödie durch den ganzen Prozeß ihrer Entwicklung die Ueber=
zeugung aufdringt, daß unter den gegebenen Verhält=
nissen gar nicht anders empfunden und gehandelt werden
konnte, desto mehr erfüllt sie ihren Begriff. Und sollte nicht
jedes wahrhafte Kunstwerk stets mit der Gewalt eines Na=
turerzeugnisses auf uns einwirken, ohne jemals zu einem
solchen herunter zu sinken? Es ist also natürlich, daß nur
freie Völker eine Tragödie erzeugen können.

Alles Tragische ruft, eben weil es in der Gestalt einer
Naturnothwendigkeit auftritt, auch eine Collision hervor.
Tragisch kann natürlich eine Collision nur sein, welche
aus dem Begriffe derselben mit Nothwendigkeit folgt.
Nicht der Widerspruch als solcher, welchen eine Persönlich=
keit erfährt, ist schon tragisch, sondern nur derjenige Wider=

spruch, welcher ihrem Empfinden und Handeln prinzipiell entgegentritt. Der Werth einer Tragödie hängt
also wesentlich von der Natur der Collision ab, welche sich
in ihr aufthut. Je reiner diese ist, d. h. je mehr sie durch
den Begriff des Tragischen gesetzt ist, desto energi-
scher und künstlerischer wirkt sie. Auf diesem Gebiete
zeigt sich wieder ganz klar, daß alles echt Künstlerische mit
der Kraft und Entschiedenheit einer Naturgewalt auf uns
wirken soll. Sobald uns eine tragische Persönlichkeit
nicht durch ihr ganzes Empfinden und Denken den Beweis
führt, daß sie unter den gegebenen Verhältnissen gerade so
empfinden und handeln mußte, kann sie uns auch nicht
wahrhaft tragisch erschüttern und rühren. Dies ist
nur unter der Bedingung möglich, daß ein freies mensch-
liches Geschöpf durch eine höhere Nothwendigkeit getrieben das
thut, was es thut. So lange wir also noch fragen können,
warum Jemand gerade so und nicht anders empfindet
und handelt, werden wir noch nicht wahrhaft tragisch berührt. Das Höchste bleibt also immer, daß uns der Dichter
im Tragischen das Gefühl der Nothwendigkeit aufbringt
und jeden Zweifel über eine andere Bestimmung durch seine
Personen selbst auflöst.

Im Gesagten liegt bereits, daß alles Tragische auch ein
Leiden in sich schließt, aber nicht ein Leiden, welches als
ein äußeres Unglück auf den Menschen einwirkt, sondern
als ein Leiden, welches nur einer tragischen Stimmung
mit Nothwendigkeit folgt. Es ist also ganz natürlich, daß
dieses Leiden stets als der Ausdruck einer Schuld erscheinen muß, in welche der Mensch hineingerathen ist. Die
Schuld ist also im Tragischen so wenig äußerlich, daß
sie vielmehr wesentlich zu seinem Begriff gehört. Je nothwendiger das Leiden aus der tragischen Selbstbestimmung folgt, desto innerlicher ist es ihm. Im Gesagten
liegt, daß also ein äußeres, noch so entsetzliches Unglück

uns niemals tragisch ergreifen kann, weil es nicht gesetzt
ist durch die freie Selbstbestimmung und den Charakter
der Persönlichkeit. In dieser Beziehung ist das Alterthum durchaus von der modernen Welt nicht unterschieden.
Es ist also auch eine eigentliche Spannung in einer Tragödie
nur dadurch möglich, daß wir das Leiden als ein durch
die ursprüngliche Selbstbestimmung gesetztes empfinden.
Und worin liegt nun das Versöhnende, welches alles
Tragische in der Kunst, und also die wahre Tragödie
nothwendig mit sich führt? Es liegt darin, daß sich aus
den Kämpfen und Conflicten stets eine höhere Einheit
vor uns aufbaut, welche uns darum befriedigt, weil sie ein
Resultat vorhergegangener Kämpfe ist. Eine wahrhafte
Versöhnung in einer Tragödie ist daher nur unter der
Bedingung möglich, daß alle die Gegensätze und Kämpfe,
welche sie heraufbeschworen hat, nicht Zufälligkeiten sind,
für welche auch andere Zufälligkeiten hätten eintreten
können, sondern daß sie in der Natur der Sache selbst
schlechthin begründet sind.

Alles Tragische muß aber stets als Prozeß, d. h. als
Bewegung aufgefaßt werden. Dadurch entstehen von selbst
gewisse Einschnitte, welche wir als **Knotenpunkte** bezeichnen
können; einen solchen Knotenpunkt in der Bewegung bezeichnen wir recht eigentlich als die **Katastrophe**. Jede Katastrophe setzt eine vorangegangene Bewegung voraus,
in welche sich dieselbe zusammenfaßt. Die Katastrophe ist
also stets ein Resultat, welches sich aus einer vorangegangenen Handlung und den Persönlichkeiten ergiebt.
Schon darin liegt, daß eine wahre, künstlerische Katastrophe nur das hervorbringen kann, was bereits in der
vorhergegangenen Handlung und in den Personen
gesetzt ist. Die Katastrophe darf also niemals **zufällig**
sein, denn sonst ist sie nur der Einfall eines Dichters ohne
objective Bedeutung; rein und künstlerisch kann also eine

Katastrophe nur sein, wenn sich in ihr der ganze Vor-
hergang zusammenfaßt, und nichts in sie eintritt, was nicht
irgendwie durch die vorhergegangene Bewegung bedingt
ist. Eine Katastrophe, oder ein eigentlicher Wendepunkt,
muß aber auch, außer daß er ein Resultat einer vorhergegangenen Bewegung ist, Momente einer vorhergegangenen Bewegung und einer weiteren Entwicklung
in sich schließen, so, daß also nur das aus ihr hervorgeht,
was bereits an sich in ihr eingeschlossen ist. Jede Katastrophe muß daher die Zufälligkeit insofern aus-
schließen, als sie nicht auch mit einer anderen vertauscht
werden kann. Je mehr einer Katastrophe der Stempel
der Nothwendigkeit aufgedrückt ist, desto reiner und
künstlerischer ist sie. Jede Katastrophe muß also den
Beweis ihrer Nothwendigkeit mit sich führen, und sich
stets aus der Handlung selbst erklären. Die Katastrophe
ist also immer das Ergebniß der Handlung wie der handelnden Personen; andere Persönlichkeiten bedingen andere Katastrophen. Sobald eine Katastrophe mit einer
anderen vertauscht werden kann, so ist dies ein Mangel,
welcher in der ganzen Bewegung des Kunstwerks seine
Wurzel hat.

Streng genommen kann ein Drama stets nur eine
Katastrophe haben, weil sowohl die Personen, als die
Handlung sich nur ein Mal zu einem solchen Knotenpunkt
zusammenfassen können. Es gehört jedenfalls zu den schwierigsten Problemen der dramatischen Composition, die
richtige Katastrophe zu treffen. Nur insofern dieselbe
den Beweis ihrer Nothwendigkeit mit sich führt, kann
sie erschütternd und zugleich überzeugend wirken; nicht
selten scheitert ein sonst mit Talent geschriebenes Werk, namentlich eine Tragödie an der richtigen Wahl der Katastrophe.
So innerlich nothwendig aber auch die Katastrophe ist, so
darf dieselbe doch niemals den Eindruck machen, als ob sie

ein Kalkül des Verstandes sei, sie muß vielmehr stets wie ein elektrischer Prozeß wirken. Darin liegt, daß, so innerlich nothwendig auch die Katastrophe ist, sie dennoch stets als ein freier Akt aus den gegebenen Verhältnissen auf uns eindringen muß. Ohne dies Moment würde dieselbe stets zu einem Rechen-Exempel herabsinken! Auch an dem Wesen der Katastrophe bewährt sich also wieder, daß alles ächt Künstlerische eine Einheit von Freiheit und Nothwendigkeit ist, und als solche auf uns wirken soll.

Es bleibt uns noch übrig, schließlich mit Wenigem den Begriff der Versöhnung zu erläutern. Kein Kunstwerk ächter Art kann ohne den Begriff der Versöhnung gedacht werden. Je mehr nun ein Kunstwerk uns Kämpfe und Gegensätze darstellt, um so nothwendiger ist ihm auch die Versöhnung, denn es kann niemals mit einer Dissonanz schließen. Der Tragödie ist daher vor Allem die Versöhnung ganz wesentlich. Worauf aber beruht dieselbe zunächst? Darauf, daß Allem und Jedem in der Tragödie sein Recht werde, d. h. daß es das leide und erfahre, was es verdient hat! Insofern nun Allem und Jedem stets das widerfährt was es verdient, so ist damit auch schon die ächte Versöhnung gesetzt, indem sich stets dasjenige als Resultat hervorbringt, was in ihm bereits gegeben ist, und worauf es der Dichter abgesehen hat. Eine wahrhafte Versöhnung enthüllt also auch stets den tiefsten Grund, warum Alles gerade so, und nicht anders geschehen ist! In dem Gesagten liegt schon, daß die Versöhnung niemals als ein einzelner, am Schluß des Werkes erst hervortretender Akt aufgefaßt werden darf, dann bliebe sie dem Kunstwerke immer äußerlich, sondern daß sie sich stets als das Resultat der ganzen Bewegung des Werkes darstellt. Wenn wir also in einem Werke die Schuldigen zu Grunde gehen sehen, indem ihnen nur dasjenige widerfährt, was sie durch ihr Handeln selbst gewollt haben, so ist damit auch stets die ächte Versöhnung gegeben. Darin liegt, daß in der Versöhnung stets eine **ideale Macht** triumphirt, indem sich dieselbe aus der Niederlage alles Endlichen und Vergänglichen hervorbringt. Der Triumph einer **idealen Macht**, hervorgegangen aus der Negation des Endlichen, ist also stets das Zeugniß ächter Versöhnung. Die reinste Form, in welcher die Versöhnung erscheinen kann, ist die einer sittlichen Weltordnung! Sobald uns also aus einem Werke das Bild einer sittlichen Weltordnung wirklich entgegentritt, so ist ihm damit auch die Versöhnung immanent. Eine sittliche Weltordnung aber zeigt sich überall da, wo alle Dissonanzen aufgelöst und zur Harmonie verklärt sind. Dadurch, daß uns ein Kunstwerk wirklich das Abbild einer sittlichen Weltordnung giebt, ist es nicht nur in sich gerechtfertigt, sondern hat auch alle Fragen nach dem Warum im Einzelnen beantwortet. Diese Versöhnung, deren höchstes Abbild die sittliche Weltordnung ist, weist also niemals auf ein Jenseits hin, wo sich alle Räthsel lösen werden, sondern hat sie bereits durch die ganze Bewegung, also im **Diesseits** gelöst. Alle großen Kunstwerke aller Zeiten und aller Völker stehen darin auf gleichem Boden, daß sie stets Offenbarungen einer sittlichen Weltordnung sind, welche alles Zufällige und Willkürliche ausgesondert hat. Darin liegt endlich auch, daß jedes ächte Kunstwerk, namentlich jede Tragödie stets alle Räthsel, welche der Gang der Tragödie aufwirft, vollständig durch die Entwicklung der Tragödie löst und beantwortet, daß also der Zuschauer sich nirgends am Schlusse mit der Frage hervorwagen dürfe, warum denn Alles gerade so geschehen ist, wie es geschehen? Also erst durch den wirklich gewordenen Begriff der Versöhnung schließt sich jedes

tragische Kunstwerk vor uns ab und erzeugt uns eine
ächte Befriedigung.

Welchen Sinn hat das Gesetz für den darstellenden Künstler, mitten im Affect zugleich über dem Affect zu stehen?

Zu jeder künstlerischen Thätigkeit gehören nothwendig zwei
Momente, welche sich die Wage halten müssen: die Begeisterung
und die Besonnenheit. Durch die Begeisterung schwingt sich
der Künstler in das Reich der Ideen auf und gestaltet dieselben durch den Akt seiner freien, schöpferischen Phantasie;
durch die Besonnenheit wird er das innerlich Angeschaute in
maaßvoller Schönheit und mit klarer Berechnung aller Verhältnisse ausführen, also gestalten. Die Begeisterung treibt
ihn zum Schaffen. Die Besonnenheit giebt seiner Schöpfung
das Maaß, wodurch dieselbe erst als eine künstlerische geadelt
wird. Fehlt eins dieser Momente dem Künstler, so ist er
entweder kalt, nüchtern und prosaisch, oder maaßlos und
excentrisch! In dem Gesagten liegt, daß, je höher und
glühender die Begeisterung eines Künstlers ist, demselben auch
stets ein gleiches Maaß von Besonnenheit zur Beherrschung
seines Stoffes zur Seite stehen muß. Das hier Ausgesprochene
drückt Goethe einmal im ersten Akt seines Tasso also aus,
indem er den Ariost preist: „daß in ihm der Wahnsinn hin
und her zu wühlen scheint und doch in schönem Tact sich
mäßig hält.“ Jede Kunst vollzieht nun je nach der Natur
der Kunst dieses ewige Gesetz. In der Schauspielkunst tritt
dieses Gesetz als die Forderung an den Künstler auf, mitten
im Affect über dem Affect zu stehen! Ein Darsteller, welcher
dem Affect unterthan ist, und ihm eine unbedingte Herrschaft
über sich gestattet, läuft stets Gefahr maaßlos zu werden und

sich um den Preis künstlerischer Darstellung zu bringen. Wer dem Affect unterthan ist, kann zwar auf Augenblicke hinreißen, giebt uns aber niemals die Gewähr, daß er nicht die Gesetze der Schönheit mit Füßen tritt. Wir können uns also einem Darsteller nur dann getrost und sicher überlassen, wenn er uns die Gewißheit giebt, daß der Affect nicht ihn beherrscht, sondern daß er den Affect unter seine Herrschaft bringt. Nur dadurch ist es möglich, daß der Zuhörer sich furchtlos seinen Ergüssen überlassen kann, ohne Gefahr, in das Maaßlose und Unbestimmte fortgeführt zu werden. Dadurch, daß die Besonnenheit bei dem darstellenden Künstler immer von gleicher Stärke ist als die Begeisterung, ist es dem Künstler möglich, uns in das Reich der Phantasie zu erheben, ohne Gefahr, uns durch Unschönheit zu verletzen. Dies ist nur möglich, wenn das Moment der Besonnenheit und der künstlerischen Ruhe von gleicher Stärke ist, als die Begeisterung. Daraus ergiebt sich, daß die Besonnenheit niemals als eine äußere Schranke für den Künstler aufgefaßt werden darf, sondern als sein innerstes und geheimstes Gesetz, welches ihn überall leitet. Die Begeisterung ohne die Besonnenheit ist unschön und machtlos, die Besonnenheit ohne die Begeisterung kalt und nüchtern.

Je höher ein Künstler, desto lebendiger werden diese beiden Momente stets in ihm thätig sein. Die Besonnenheit darf aber nimmermehr als eine äußere, stets erkältende Reflexion aufgefaßt werden, sondern soll stets erscheinen als der Akt der Selbstbeherrschung in der Begeisterung. Mit der wachsenden Begeisterung muß sich daher auch die Macht der Besonnenheit steigern, weil beide Momente stets im Gleichgewicht zu einander stehen. Die Einheit der Begeisterung und Besonnenheit haben denn auch stets die großen Künstler aller Zeiten und aller Völker verwirklicht.

Die Begeisterung wie die Besonnenheit dürfen niemals als nur neben einander bestehende Momente aufgefaßt werden,

sondern sie sind stets gleichmäßig und in einander wirkend
thätig. Es ist völlig unphilosophisch, die Besonnenheit als
einen der Begeisterung entgegenwirkenden Akt aufzufassen, sie
ist vielmehr stets das die Begeisterung in ihre rechte Bahn
leitende Moment, welches also unabhängig als die den Künstler
beherrschende und ihn beschränkende Macht aufgefaßt werden
muß. In ihrer höchsten Bedeutung erscheint also die Besonnenheit als eigentliche Selbstbeschränkung der Begeisterung. In
jeder ächten Künstlernatur verhalten sich also Begeisterung und
Besonnenheit wie Centripetal- und Centrifugal-Kraft. Man
muß daher annehmen, daß in jedem großen Künstler die Besonnenheit stets so weit reicht als seine Begeisterung, daß sie
also stets da am mächtigsten wirkt, wo die Begeisterung den
höchsten Aufschwung nimmt. Wenn also, um einen platonischen
Ausdruck zu gebrauchen, die Begeisterung als ein göttlicher
Wahnsinn bezeichnet werden kann, so ist die Besonnenheit stets
als die den Wahnsinn zügelnde Mäßigung, wodurch derselbe
vor jeder Uebertreibung gesichert wird, zu begreifen. Dies auf
die Schauspielkunst angewendet, besagt soviel, daß der Künstler
gerade in dem Augenblick des scheinbar entfesselten Affects zugleich die größte Herrschaft über den Affect haben muß. In
der ächten Künstlernatur müssen aber diese beiden Faktoren
stets als in und durch einander wirkend aufgefaßt werden,
d. h. sie beschränken einander nicht auf eine äußerliche
Weise, sondern sind vielmehr stets Momente einer und derselben schöpferischen Kraft. Dadurch unterscheidet sich eben die
ächte künstlerische Natur von einer nur bilettantenhaften Thätigkeit, daß dieselbe beide Momente stets gleichzeitig als Früchte
hervortreibt. Der Künstler ist sich deshalb durchaus nicht in
jedem Momente dieser ihn beherrschenden Faktoren bewußt,
sondern sie erscheinen nur als das Zeugniß seiner bevor-
rechtigten Natur, wodurch sich dieselbe wesentlich von jeder
nicht künstlerischen Natur unterscheidet. Gerade weil Begeisterung und Besonnenheit die stärksten Gegensätze sind, er-

4*

scheint ihr Beieinanderwirken und ihre lebendige Einheit als
das beredteste Zeugniß einer wahren Künstlernatur. Die Begeisterung und Besonnenheit dürfen aber niemals so aufgefaßt werden, als ob sie nur äußerlich auf einander bezogen
sind, sondern sie sind stets Momente einer höheren Einheit,
d. h. jedes hat das andere Moment schon in sich. Der Verstand hält die Gegensätze von Begeisterung und Besonnenheit
stets auseinander. Nur die Vernunft, als das Vermögen, das
Unendliche zu fassen, vermag diese scheinbar einander aus-
schließenden Bestimmungen in ihrer Einheit zu begreifen. Das
stete Ineinandergreifen dieser beiden Momente, als das innerste
Leben der Kunst und des künstlerischen Genius verdient durch
Nichts diesen Namen so sehr, als weil es stets diese entgegengesetzten Bestimmungen in lebendiger Einheit zusammenfaßt.
Weil Begeisterung und Besonnenheit entgegengesetzte Bestimmungen sind, hat ihre lebendige Einheit auch etwas Ge-
heimnißvolles. Der Verstand, welcher diese entgegengesetzten
Bestimmungen immer auseinanderhält, kann daher niemals
weder ein Kunstwerk noch einen großen Künstler begreifen.
Nur der Vernunft eröffnet sich dieser Prozeß, denn Denken
und Dichten sind Strahlen ein und derselben Sonne.

Wenn dieser geheimnißvolle Prozeß des Künstlers auch
niemals weder gelehrt noch gelernt werden kann, so ist er doch
einer unendlichen Entwickelung fähig. Der ganze Fortschritt
eines Kunst-Genius kann daher so aufgefaßt werden, daß sich
in ihm dieser Prozeß immer reiner und objectiver entwickelt. Nur durch diese Vereinigung der Besonnenheit und
der Begeisterung ist der Genius zu erklären. Wenn sich auch
überall und in jeder geistigen Thätigkeit der Genius stets dadurch offenbart, daß er entgegengesetzte Bestimmungen zu einer
Einheit vermittelt, so erscheint doch in der Kunst dieser Prozeß
am reinsten, daher sich denn auch vorzugsweise in der Kunst der
Genius am reinsten offenbart. Durch nichts verdient die menschliche Natur so sehr den Namen einer göttlichen Macht, als

durch die Vereinigung dieser angegebenen Gegensätze. Darum vermag auch der philosophische Denker in das Wesen einer großen Künstlernatur sich so völlig zu vertiefen und dieselbe zu begreifen, weil das philosophische Denken stets denselben Prozeß, entgegengesetzte Bestimmungen zu einer Einheit zusammenzufassen, vollzieht. Erst nachdem das Denken in seiner höchsten Thätigkeit und in seiner geheimsten Werkstatt begriffen ist, konnte sich auch die Kunstwelt dem Denken erschließen, und sich auf die gleiche Höhe mit dem Künstler stellen. Durch Nichts bewährt sich also die innerste Verwandtschaft des künstlerischen Schaffens und Denkens so sehr, als dadurch, daß in beiden Thätigkeiten ein und derselbe Prozeß thätig ist, nämlich der, entgegengesetzte Bestimmungen in einer lebendigen Einheit zusammenzufassen.

Was verstehen wir in der Schauspielkunst unter einem interessanten, was unter einem langweiligen Schauspieler?

Wir fragen wohl billig zuerst: Was heißt überhaupt interessant spielen? Der interessante Darsteller ist ohne Zweifel derjenige, welcher seiner Rolle anziehende Gesichtspunkte abzugewinnen weiß, der also durch seine Auffassung, wie durch seine ganze Darstellung zu fesseln versteht. Fesseln und interessiren aber kann ein Darsteller nur dadurch, daß er seiner Rolle neue Seiten abzugewinnen, früher Vernachlässigtes oder ganz Uebersehenes in das Licht zu stellen versteht und dadurch den Zuschauer für sich zu interessiren weiß. Ein interessanter Schauspieler braucht durchaus noch kein großer Schauspieler zu sein, welcher die Gemüther hinreißt und die Massen bewältigt. Ein interessanter Schauspieler muß uns vor Allem durch die Auffassung seiner Rolle

feſſeln, indem er uns in ſeiner Darſtellung Geſichtspunkte
darbietet, welche früher entweder gänzlich vernachläſſigt wurden,
oder zum Theil überſehen worden ſind. Der intereſſante
Schauſpieler feſſelt alſo durch die Originalität, welche er
ſeiner Rolle zu verleihen weiß und durch die Neuheit, welche
aus ſeiner ganzen Darſtellung ſpricht.

Ein intereſſanter Schauſpieler wird daher ſehr oft durch
ſeine Auffaſſung und Darſtellung überraſchen, womit durchaus
nicht geſagt iſt, daß er ſich nicht mit dieſer ſeiner Auffaſſung
in einem völligen Irrthum befinden könne. Der intereſſante
Schauſpieler wird ſich daher ſtets als ein Mann von
Geiſt bethätigen, welcher von aller Nachahmung fern, ſeinen
eigenen Weg geht und durch denſelben die Gemüther erobern will; ein intereſſanter Schauſpieler kann gewiß ſein, den
Zuſchauer wahrhaft anzuregen und zu feſſeln, weil er
ihn nicht auf der gewöhnlichen Heerſtraße führt, ſondern
vielmehr eine neue Bahn mit ſeiner Rolle betritt. Der
wahrhaft intereſſante Schauſpieler wird weder der Tra-
dition und wäre ſie faſt geheiligt, noch einem glänzenden
Vorgänger ſklaviſch folgen, ſondern überall nach Selbſt-
ſtändigkeit trachten. Der intereſſante Schauſpieler darf
daher vor dem Vorwurfe ſicher ſein, zu kopiren, weil er
ſtets das, was er thut, mit dem ganzen Aufwande ſeiner Intelligenz vertritt; er ſtrebt vor Allem nach dem Ruhme
der Originalität, beeifert ſich neue Bahnen einzuſchlagen
und unter jeder Bedingung ſeine künſtleriſche Selbſtſtän-
digkeit zu erhalten.

Den Gegenſatz zum intereſſanten Schauſpieler bildet
der langweilige Schauſpieler. Der langweilige Schauſpieler iſt weder unverſtändig noch verkehrt in ſeiner
Darſtellung, er iſt auch nicht etwa in eine völlig unkünſt-
leriſche Manier verſenkt, ſondern im Gegentheil correct
und verſtändig und allen Extravaganzen abhold. Aber
der langweilige Schauſpieler führt ſeine Zuhörer ſtets auf

der gewöhnlichen Heerstraße des Gewohnten; er überrascht
niemals durch eine geniale Eingebung, durch eine blitzähn=
liche Beleuchtung; er verletzt nicht, weil er nicht un=
künstlerisch und fast ohne Manier ist, er reißt auch nicht
hin und bietet niemals die Illusion dar, als ob der Darsteller
wirklich der Mensch sei, dessen Maske er trägt. Ein lang=
weiliger Schauspieler wird sich aus dieser Kategorie niemals
erheben und in einen interessanten Schauspieler verwandeln
können, da er durch seine ganze Natur an die Scholle der
Langweiligkeit gefesselt ist; ihm fehlt die schöpferische
Phantasie, durch welche er sich in das Reich der Idea=
lität aufschwingen kann, er ist wesentlich trocken und pro=
saisch. Er wird daher eben so wenig fesseln und positiv ver=
letzen, als künstlerisch überraschen, und die Gemüther durch
sein Spiel fortreißen. Der langweilige Schauspieler ist
nicht durch seinen Genius zum Schauspieler berufen,
er ist mit einem Wort kein Schauspieler von Gottes
Gnaden, sondern die zufälligen Umstände und endlichen
Rücksichten haben ihn zum Schauspieler gemacht. Dieser
Beruf ist nicht sein Leben, ja er würde ihn sehr bereitwillig
mit einem andern Beruf vertauschen, wenn ihm dieser nur
denselben äußern Vortheil gewährte.

Die Deklamation ist der größte Feind der Charakter=Darstellung.

Je mehr in der Schauspielkunst die Deklamation über=
hand nimmt, je mehr nimmt das Streben nach Charakter=
Darstellung ab. Man kann daher der Charakter=Darstellung
keinen größeren Dienst erweisen, als wenn man das Streben
nach Deklamation möglichst bekämpft und dieselbe auf das ge=
ringste Maaß einschränkt. Die Deklamation geht, wenn sie

künstlerisch gehandhabt wird, auf Schönheit und Idealität des Ausdrucks aus. Sie genießt sich vor Allem in der Idealität des Ausdrucks. Dazu nimmt sie alle Tonschwingungen in Anspruch. Schön deklamiren heißt also so viel als möglichst der Sprache einen idealen Ausdruck und einen edlen Schwung verleihen. Die Charakter-Darstellung steuert dagegen auf die Wahrheit, als auf ihr letztes Ziel hin. Sie will nur durch Wahrheit interessiren und fesseln, und ordnet derselben die Schönheit des Ausdrucks entschieden unter. Die große Gefahr, in welche die Deklamation den Darsteller führen kann, ist also die Aufopferung der Wahrheit und die alleinige Begünstigung der Schönheit des Ausdrucks. Es liegt daher sehr nahe, daß der Deklamator alle Mittel, ein schönes klangvolles Organ, in Bewegung setzt, um erfolgreich zu wirken, ja, er wird sogar, wenn ihn die Natur mit einem schönen klangvollen Organ begabt hat, alle Mittel anwenden, um diese Gabe in ein glänzendes Licht zu setzen und er wird sich sogar nicht scheuen, mit dem sprachlichen Ausdruck zu kokettiren, um dadurch zu gefallen. Die künstlerische Charakter-Darstellung fragt dagegen zuerst nach der Wahrheit, und ordnet diesem Ziele selbst die Schönheit unter. Wer der Deklamation ein ungebührliches Recht einräumt, wird sich dadurch sehr leicht um die Wahrheit der Charakter-Darstellung bringen. Da nun die Deklamation besonders durch den Vortrag von Versen begünstigt wird, so wird der darstellende Künstler sehr gut thun, sich besonders viel mit Rollen zu beschäftigen, welche in Prosa geschrieben sind, denn diese schließen, wenn die Deklamation nicht schon zur Manier geworden, das Deklamiren aus, und begünstigen daher besonders das Streben nach Charakter-Darstellung.

Es ist nach dem Gesagten natürlich, daß Dichter, in welchen das rhetorische Element vor dem dramatischen vorwiegt, die Deklamation sehr begünstigen und leicht von dem Streben nach Charakter-Darstellung abwenden können. So begünstigt Schiller die Deklamation entschieden mehr, als Goethe und Shakespeare. Die Deklamation hat nur da ihre berechtigte Stelle, wo der schwungreiche Ausdruck gefordert wird und das Pathos in den Vordergrund tritt. Aber auch in solchen Stellen muß der Darsteller, wenn er sich nicht um alle Wahrheit bringen will, der Deklamation durch ein erfolgreiches Streben nach Charakter-Darstellung entgegentreten. Dies Streben muß um so erfolgreicher und entschiedener sein, je mehr schon der Dichter der Deklamation Vorschub geleistet hat. Es ist sehr natürlich, daß besonders junge Schauspieler und Talente sich in Rollen gefallen und sie mit besonderer Vorliebe behandeln, in welchen das rhetorische Element vorwaltet. Aber gerade hier wird die Pflicht um so gebieterischer, der bloßen Deklamation erfolgreich entgegen zu arbeiten. Geschieht dies nicht, so läuft der Darsteller Gefahr, sich zuletzt ganz in hohle Deklamation zu verlieren, d. h. nur durch einen erhöhten und schwungreichen Ausdruck wirken zu wollen. Es ist für jüngere Schauspieler vorzugsweise unser großer Lessing, der nicht genug zu einer Schule für die Bildung der Charakter-Darstellung und zur Beseitigung der hohlen Deklamation verwendet werden kann, denn hier wird sich der Darsteller am leichtesten auf seinem Irrwege zur Deklamation ertappen, und wieder in die Bahn der Wahrheit einlenken können.

Der Dilettant und der Künstler.

Es ist wohl der Mühe werth, einmal gründlich den Gegensatz des Dilettanten zum Künstler aufzufassen und zu entwickeln und dadurch zugleich die Schranke, welche beide trennt, fest aufzurichten. Als der durchgreifendste Unterschied tritt zunächst hervor, daß dem Künstler die Kunst absoluter Zweck ist, und daß er an ihre Verwirklichung

den ganzen Ernst seines Lebens setzt; daß dem Dilettanten
dagegen die Kunst stets nur Mittel für seine Erholung
und sein Vergnügen ist. Daraus folgt, daß sich der Künstler
mit vollem Bewußtsein allen Schwierigkeiten unterwirft, welche
seine Kunst ihm auferlegt. Der Künstler setzt sich also in den
Besitz der gesammten Technik seiner Kunst, da ihm dieselbe
zur künstlerischen Thätigkeit unerläßlich erscheint. Dem Dilettanten kommt es dagegen vor allen Dingen darauf an, ein
gewisses Maaß subjectiver Befriedigung zu gewinnen; er will
erndten, ohne die große Mühe eines sorgfältigen Säens zu
übernehmen. Sein Hauptzweck ist, so mühelos als möglich zu
genießen. Daraus folgt, daß sich der Dilettant fast niemals
in den vollen Besitz der Technik seiner Kunst setzen wird,
welche große Schwierigkeiten darbietet und eine harte Arbeit
erfordert. Der Dilettant wird sich vorzugsweise in der
Ausübung derjenigen Künste heimisch fühlen, in welchen er,
ohne große Anstrengung schon etwas erreichen kann und Erfolge zu erringen vermag. Er wird daher auch fast immer
die schwierigsten Theile der Technik vernachlässigen, weil sie
ihm den Genuß erschweren. Im glücklichsten Falle wird sich
daher der Dilettant nur auf Einzelnheiten beschränken, welche
ihm gerade zusagen, die Totalität dagegen außer Acht lassen.
Er wird ferner, um sich ein gewisses Relief zu geben, und sich
dem Künstler gleich zu stellen, auch in seinen Urtheilen über
die Leistungen Anderer strenger sein, als der Künstler, denn
ihm fehlt vor Allem jene Keuschheit des Künstlers und die
Demuth vor der Idee.

Während bei der ächten Künstlernatur die schöpferische Kraft
mit den Schwierigkeiten, welche die Kunstausübung fordert,
wächst, wird sie vielmehr beim Dilettanten den Schwierigkeiten
gegenüber erlahmen und erschlaffen.

Es ist sehr natürlich, daß sich der Dilettantismus besonders in denjenigen Künsten hervorthut, in welchen bei einer
selbst nur mäßigen Technik schon eine Befriedigung der Eitel-

keit möglich ist, wie in der Musik, der lyrischen Poesie und der Schauspielkunst.

Während es dem wirklichen Künstler vor Allem um die Wahrheit zu thun ist, welche er, wenn sie auch bitter wäre, vernehmen will, geizt der Dilettant vor Allem nach Lob, und er sieht in der Entziehung desselben nur Neid und Mißgunst.

Der Künstler befriedigt sich selbst in der Ausübung seiner Kunst, denn er taucht unter in die Idee derselben, die er verwirklichen will. Der Dilettant will sich selbst zum Genuß bringen; alles Andere ist ihm gleichgültig. Während dem wirklichen Künstler seine Schöpfungen Nothwendigkeiten sind, denen er sich nicht entziehen kann, sind dagegen bei dem Dilettanten seine Productionen mehr Zufälligkeiten, welche auch eben so gut hätten unterbleiben können. Der Künstler duldet für seine Kunst, und legt sich sogar Entbehrungen auf, wenn es sein muß. Er verliert niemals den Muth für seine Kunst zu wirken. Der Dilettant wird durch Schwierigkeiten und durch Widerwärtigkeiten des Geschickes nur abgeschreckt, und resignirt zuletzt. Dies liegt darin, weil der wahre Künstler ein Geschöpf von Gottes Gnaden ist, der Dilettant aber sich niemals zur vollen Göttlichkeit aufschwingt.

Ein Wort über den richtigen Haushalt der Stimme in der Schauspielkunst.

Die Oekonomie der Stimme ist für den darstellenden Künstler eine Sache von unendlicher Wichtigkeit. Mächtige, große Organe können dadurch zur größten Wirkung gebracht, und schwache Organe immer noch sehr verwerthet werden. Einer richtigen Oekonomie des Tones kann sich nur derjenige Schauspieler rühmen, welcher sein Organ wirklich unterworfen und ganz dienstbar gemacht hat. Es bleibt also eine der

erſten Pflichten für den Schauſpieler, ſich ſein Organ völlig
zu unterwerfen und dienſtbar zu machen. Dazu gehört, daß
der Schauſpieler fähig ſei, nach ſeiner Willkür den Ton leiſe
anſchlagen zu können, ohne daß die Deutlichkeit darunter leidet,
und wiederum den Ton bis zum mächtigſten Affekt zu ſteigern.
Hat ſich ein Schauſpieler, welcher mit großen Mitteln von
der Natur ausgeſtattet iſt, ſein Organ nicht unterworfen, ſo
wird er niemals reine künſtleriſche Wirkungen hervorbringen
können.

Zu einer richtigen Oekonomie des Organs gehört nun
vor allen Dingen, daß der Darſteller im Stande iſt, den
Ton, den er braucht, mit voller Freiheit und Klarheit anzuſchlagen. Er muß daher ſeinen Ton gehörig zu vertheilen
wiſſen; nur dadurch kann er es erreichen, daß er auch im
höchſten Affect niemals im Zuhörer das Gefühl der Erſchöpfung
erregt. Der Zuhörer ſoll vielmehr während des höchſten
Affectes die Ueberzeugung gewinnen, daß noch nicht ein Aeußerſtes
erreicht ſei. Eine ſolche künſtleriſche Herrſchaft über den Ton
iſt freilich ſehr ſelten, und um ſo höher anzuſchlagen, wo man
ſie findet. Der Schauſpieler hat alſo vor Allem dafür Sorge
zu tragen, ſich zum vollen Herrn über ſeine Stimme zu
machen. Erſt dann verdient er den Namen eines wirklichen
Künſtlers. Je mächtiger die Naturgaben eines Organs ſind,
um ſo gebieteriſcher iſt die Pflicht, ſich dieſes Organ künſtleriſch
zu unterwerfen. Es giebt keinen troſtloſeren Anblick in der
Schauſpielkunſt, als einen Schauſpieler oder eine Schauſpielerin
zu ſehen, welche, mit großen Naturmitteln ausgeſtattet, die-
ſelben nicht verwerthen können. Bei einem ſolchen Darſteller,
welcher ſein Organ nicht wirklich unterworfen hat, iſt eine
mächtige Wirkung immer nur eine Sache des Zufalles.

Die Erfahrung lehrt uns, daß Darſteller von einer geringen
Kraft des Tones durch eine richtige Oekonomie deſſelben große,
ja ſogar mächtige Wirkungen hervorgebracht haben, während
man ſich von anderen Darſtellern, welche die Natur mit großen

Stimmmitteln begabt hatte, mit Unwillen abwendet, weil man anstatt eines geistigen Ausdruckes nur ein unorganisches Brüllen vernimmt. Man kann daher nicht gebieterisch genug darauf dringen, daß der Schauspieler sein Organ begeistige, das heißt, es nach allen Richtungen hin seinem Willen und seinen Absichten unterthan mache.

Es sei uns erlaubt, die Aufmerksamkeit auf einige der bedeutendsten Erscheinungen hinzulenken. Unter den Schauspielerinnen sind es vornämlich zwei, welche durch ihre außerordentlichen Sprachmittel und durch ihre Herrschaft über dieselben in erster Linie stehen. Diese beiden Schauspielerinnen sind: die deutsche „Sophie Schröder", und die französische „Rachel". Was Sophie Schröder betrifft, so waren ihre Sprachmittel vielleicht die gewaltigsten, welche jemals von der Bühne herab erklangen.

Sie vermochte durch die Gewalt ihres Tones die ungeheuersten Wirkungen zu erreichen. Man empfand gleichsam den Eindruck eines mit den Elementen verwandten Wesens. Dabei war nie eine Erschöpfung an ihr sichtbar oder fühlbar. Der Zuhörer konnte sich ihr vielmehr mit der größten Sicherheit und mit dem größten Vertrauen überlassen. Sophie Schröder übte eine unbedingte Herrschaft über alle ihre Mittel aus; sie war fähig, den zartesten Ton des Gefühls und den erschütterndsten Donner des Zornes anzuschlagen.

Die französische Rachel war ebenfalls mit gewaltigen Sprachmitteln ausgestattet. Von wunderbarer Wirkung war namentlich ihre sonore Tiefe, über welche sie eine bewundernswürdige Herrschaft ausübte. Wenn man glaubte, daß sie das Aeußerste bei ihrem Tone erreicht hatte, drangen aus ihrer Brust immer noch gewaltigere Töne hervor. Diese gewaltigen Wirkungen bei ihr waren nur dadurch möglich, daß sie in jedem Augenblicke mit ihrem Organe hauszuhalten wußte, niemals in das Wilde und Maaßlose hineinraste, sondern mitten im Affect noch über dem Affect stand.

Eine dritte Erscheinung, welche durch die höchste Oekonomie
in ihren Sprachmitteln die höchsten künstlerischen Wirkungen
erreichte, war Amalie Wolff, die geistvolle Schülerin
Goethe's. Von der Natur mit einem schwachen, wenig aus-
giebigen Organe bedacht, wußte die Künstlerin durch die Herrschaft, welche sie über dasselbe erlangt hatte, die reinsten und
geistigsten Wirkungen auszuüben. So war namentlich ihre
Iphigenia im gleichnamigen Schauspiel von Goethe eine
Musterleistung ersten Ranges. Nicht nur, daß kein Wort von
ihr verloren ging, wußte sie der Rede stets die geistigsten
Accente mitzutheilen. Amalie Wolff kann daher allen
Schauspielerinnen darin als ein hohes Muster vorleuchten, wie
man selbst ein von Natur schwaches Organ durch eine richtige
Oekonomie künstlerisch verwerthen kann.

Soll man in der Recitation den Vers hören lassen, oder nicht?

Gewiß wird man über die Wichtigkeit der obigen Frage
einig sein, da sie für die Behandlung der Rede entscheidend
ist. Man mache sich zunächst nur ihren Sinn klar. Der
Fragende will wissen, ob man in der Recitation den Vers
respectiren soll? Läßt man dem Verse gar keine Geltung, so
fragt es sich einfach: Warum hat der Dichter überhaupt Verse
geschrieben? Aber man will sich durch die Beantwortung dieser
Frage offenbar davor schützen, nicht den Mechanismus des
Verses in das Ohr dringen zu lassen. Das soll er allerdings niemals. Dennoch soll der Vers in der Recitation
nicht so behandelt werden, als ob er gar nicht existire.

Zunächst soll uns der Vers in der Recitation offenbar
die ideale Haltung der Dichtung ankündigen, wir sollen
fühlen, daß wir uns einer idealen Welt gegenüber befinden.

Dies schon bedingt., daß man den Vers irgendwie respec=
tirt und ihn nicht in reine Prosa auflöst. Aber sein Me=
chanismus soll niemals in unser Ohr dringen. Die Haupt=
sache in der Behandlung des Verses wird es stets sein,
daß man denselben nach seinem Inhalte behandelt. Der
Vers, welcher ein Stück der antiken Welt einschließt, will ge=
wichtiger in der Recitation behandelt sein, als wenn er als
Gewand des Lustspiels dient. Auch die Persönlichkeiten,
welche die Verse sprechen, machen einen Unterschied. Man
wird den Vers gewichtiger sprechen, wenn er dem Ausdruck
eines Schwermüthigen dient, als wenn er uns heitere, lebens=
lustige Naturen zeigt. Orest in der Iphigenia wird den
Vers unstreitig gewichtiger behandeln müssen, als Pylades!
Diesen Unterschied der Persönlichkeiten aufzufassen, wird den
Hauptgesichtspunkt für die Behandlung des Verses be=
dingen. Der Vers muß daher stets als ein Gewand betrachtet
werden, welches dem Körper, den es einschließt, gemäß ist.
So fordert der Vers offenbar in Werken, welche der Conver=
sation näher stehen, eine leichtere Behandlung, als wenn er
uns als Träger der antiken Welt erscheint. Demnach fordert
z. B. der Torquato Tasso von Goethe eine leichtere,
conversationellere Behandlung des Verses als Goethe's Iphi=
genia. Die Hauptsache wird immer sein, den Vers so man=
nigfaltig zu behandeln, als der Inhalt es fordert, welchen
er einschließt.

In dieser Mannigfaltigkeit der Behandlung kann sich ein
feiner Kunstverstand offenbaren. Leider wird darauf in der
Recitation auf der Bühne noch viel zu wenig geachtet. Wer
Feinsinnigkeit und Feinfühligkeit mitbringt, der wird auch den
Vers am meisten künstlerisch behandeln. Allgemeine, abstrakte
Regeln lassen sich dafür durchaus nicht geben.

Die verschiedenen Pausen in der Recitation.

So wichtig das richtige Innehalten der Pausen für die Recitation auch ist, so wenig ist doch bis jetzt zur Erkenntniß dieses Gegenstandes gethan, so daß die nachfolgenden Andeutungen, welche durchaus nicht darauf Anspruch machen, diesen Gegenstand zu erschöpfen, gewiß nicht überflüssig sind. Wir unterscheiden eine dreifache Gattung von Pausen, welche wir mit dem uns dafür am gemäßesten erscheinenden Namen als grammatische, rhetorische und ethische Pausen bezeichnen.

Wir sprechen zuerst von der grammatischen Pause, als von der einfachsten und am leichtesten zu treffenden.

Die grammatische Pause wird schon durch die Interpunktionszeichen angedeutet, welche den durch die grammatische Pause gebotenen Halt bezeichnen. Die grammatische Pause hat also durchaus keine künstlerische Bedeutung. Der Verstand allein hat sie geschaffen, der Verstand kann sie daher auch allein kontroliren. Das richtige Innehalten der grammatischen Pause beweist daher noch durchaus kein Talent, oder gar Genie für die Schauspielkunst. Wer sie nicht richtig zu beobachten vermag, sondern flüchtig über sie hinwegeilt, beweist dadurch nur Mangel an Verstand und Bildung.

Die zweite Gattung von Pausen haben wir die rhetorische genannt; sie haben künstlerische Bedeutung. Die rhetorischen Pausen sind wesentlich vorbereitend. Sie werden daher in der Regel da eintreten, wo sich eine Reflexion oder ein Gedanke als Ergebniß einer vorangegangenen Erzählung darstellt. Hier macht die rhetorische Pause die Zuhörer aufmerksam und kündet den nachfolgenden Gedanken an.

Die dritte Gattung von Pausen nannten wir die ethischen Pausen. Sie sind recht eigentlich dazu bestimmt, den Gemüthszustand anzukündigen, oder gleichsam vorzubilden. Sie treten in der Regel da auf, wo ein großer Umschwung des Geschickes eingetreten ist, indem sie gleichsam diesen plötzlichen Wechsel des Geschickes und seinen Eindruck auf das Gemüth ankündigen und darthun. Die ethischen Pausen sind also wohl dadurch bedingt, daß sie die Wirkung eines plötzlichen Schicksalswechsels oder überhaupt einer erschütternden Nachricht darstellen.

Der durch die plötzlich eintretenden und großen Schicksalswechsel ankündigende Nachricht Erschütterte ist im ersten Moment sprachlos, er kann vor Erschütterung nicht zu Worte kommen. Die ethische Pause drückt nun das Ringen des erschütterten Gemüthes aus, das Wort zu finden, und wieder zum Wort zu kommen. Die ethische Pause ist also recht eigentlich dazu bestimmt, uns die Arbeit des Gemüthes desjenigen zu versinnlichen, welcher vor Erschütterung gleichsam sprachlos geworden ist. Die ethische Pause bildet somit gewissermaßen den Uebergang aus der Sprachlosigkeit zum Sprechen. Jede ethische Pause verkündigt und verräth die Arbeit des Gemüths, das Wort zu finden, um aus der Sprachlosigkeit zur Sprache zu gelangen.

Wir wissen wohl, daß mit diesen Andeutungen blos ein Schema gegeben ist, welches der darstellende Künstler erst mit Leben und Blut auszufüllen hat. Aber wir halten dergleichen systematische Fingerzeige für die Praxis durchaus nicht für überflüssig. Der Genius wird in allen Fällen auch ohne Lehre das Richtige treffen. Für das nach Bildung strebende und der Bildung bedürftige Talent ist die Schulung nach bestimmten, auf Beobachtung begründeten Gesetzen unumgänglich nothwendig.

Mögen denn unsere Winke ihre Berücksichtigung finden!

Die Kunst und das Geheimniß des Zu-
hörens in der Schauspielkunst.

Nicht nur durch das lebendige Wort soll sich der Antheil offenbaren, den der Darsteller der Situation, in welche er versetzt ist, widmet, sondern auch durch das richtige Zuhören. So wichtig dies auch ist, so sehr wird es doch noch immer vernachlässigt, und man findet wenig Darsteller, welche dem Zuhören das volle Recht widerfahren lassen. Im richtigen Zuhören kündigt sich stets eine Spannung der Seele an, welche die Situation begleitet, und ihr denjenigen Antheil schenkt, welchen die Handlung fordert. Wenn schon das Zu-hören wichtig ist bei Situationen, an welchen mehrere Personen Theil nehmen, so daß sich in jeder derselben das richtige Maaß des Antheils abspiegelt, welches sie der Handlung zu widmen hat, so erscheint die Kunst des Zuhörens noch unerläßlicher und wichtiger im Zwiegespräch, denn hier soll das Zuhören uns nicht nur den Eindruck darlegen, welchen die Rede im Individuum, zu dem sie gesprochen wird, hervorbringt, sondern es soll zugleich auch die Erwiederung auf das eben gesprochene Wort vermitteln. Nur durch das richtige Zuhören ist eine lebendige Wechselwirkung aller auf der Scene befindlichen Personen möglich. Natürlich kann das richtige Zuhören un-endliche Abstufungen erleiden. Vom Ausdruck der Gleich-gültigkeit an bis zur fieberhaftesten Aufregung des Gemüths, welche kaum noch des Wortes mächtig ist. Erst durch das richtige Zuhören steht ein lebendiger Mensch vor uns, welcher der ganzen Handlung einen vollen Antheil weiht, und keinen Augenblick das lebendige Empfinden und Anschauen verleugnet, welches er offenbaren soll. Es gehörte zu den größten Vor-zügen der unsterblichen Rachel, beredt zuzuhören, denn man sah in ihrer beweglichen Physiognomie stets den ganzen Ein-druck des an sie gerichteten Wortes, niemals überraschte sie

ein müßiger Augenblick. Als Bedingung eines beredten Zu=
hörens fordern wir allerdings eine geistreiche und bewegliche
Physiognomie, welche eine Fülle von Eindrücken in sich auf=
nehmen und zurückspiegeln kann. Von höchster Wichtigkeit
erscheint uns aber das richtige Zuhören besonders einer Er=
zählung gegenüber, welche den lebhaften Antheil des Zuhörers
fordert. In diesem Falle nimmt das künstlerische Zuhören
keine geringere Stellung ein, als der Ausdruck der Rede selbst.
Wahrlich, dem Ferdinand in Kabale und Liebe würde es
leichter werden, seiner Rede den richtigen und bewegten Aus=
druck zu geben, als aus der Erzählung der Lady Milford
das beredte Zeugniß seiner Mitempfindung in seinem antheil=
vollen Zuhören abzuspiegeln. Erst durch das richtige Zuhören
gewinnen wir das Bild eines in sich zusammenhängenden
Lebens, welches sich keinen Augenblick verleugnet, sondern sich
stets je nach dem Maaße der Theilnahme, welche der Darsteller
der Handlung zu widmen hat, offenbart.

Unter Thränen sprechen, unter Thränen lachen.

Man wird gewiß zugeben, daß die in der Ueberschrift
ausgesprochene Forderung keine geringe Schwierigkeit in sich
schließt. Man soll mit der Thräne das Sprechen und auch
das Lachen vereinigen. Wer unter Thränen spricht, giebt seiner
inneren Bewegung zugleich durch das lebendige Wort, wie durch
die Thräne Ausdruck; er vereinigt also den unfreiwilligen
Ausdruck, die Thräne, mit dem freiwilligen des Wortes.
Wer unter Thränen spricht, ist von dem Schmerze noch nicht
völlig übermannt und beherrscht. Wie aber wird das Spre=
chen unter Thränen künstlerisch ausgeführt? Beides, das Wort
wie die Thräne sollen einander nicht vernichten. Wer unter
Thränen spricht, hat sich also noch eine gewisse Freiheit, näm=

5*

lich die des Wortes erhalten. Der Mensch wird überall unter Thränen sprechen, wo er bemüht ist, einem großen übermächtigen Schmerze Widerstand zu leisten und sich nicht völlig von dem Schmerze überwältigt zu zeigen, während derselbe doch und zwar unfreiwillig hervorbricht. Wenn Julia durch den Bericht der Amme den Tod Tybald's durch die Hand Romeo's und gleich darauf die Verbannung Romeo's erfährt, so wird sie die ganze darauf folgende Rede, in welcher sie ihr Leiden beklagt, unter Thränen sprechen. Wenn Phädra der Oenone das Geständniß ihrer sündlichen Leidenschaft für Hippolyt ablegt, so wird sie diese ganze Rede unter Thränen sprechen, indem sich darin ihr Schmerz und das Gefühl ihrer Schuld offenbart, welche durch die Thränen ihren unfreiwilligen Ausdruck erhalten. Der Darsteller hat sich nur, wenn er unter Thränen spricht, davor zu hüten, daß er nicht weinerlich und hypersentimental werde, sondern er soll noch immer des Wortes mächtig sein, so daß dasselbe, wenn auch durch die Thränen unterbrochen und gefärbt, doch in seiner vollen Klarheit und Bestimmtheit hervortritt. Die Thräne soll also allerdings die Rede färben und ihr einen schmerzlichen Ausdruck leihen, aber das Wort nicht bis zur Undeutlichkeit entstellen.

Schwieriger ist es, unter Thränen zu lachen, weil der Gegensatz hier ein größerer, schneidenderer ist. Das Lachen unter Thränen ist eines doppelten Ausdrucks fähig. Einmal kann es Ausdruck der Freude sein, welche ungeahnet eintritt und das Dunkel des Leidens plötzlich erhellt; oder das Lachen kann der Ausdruck des Hohnes sein, welcher sich plötzlich hervordrängt und gleichsam des wirklichen Unglücks spottet. Das Lachen unter Thränen offenbart dann die furchtbare Ironie, welche sich des Individuums bemächtigt hat, indem es ein solches Maaß von Unglück erreicht hat, daß ein weiteres Leiden fast unmöglich erscheint. Wenn erzählt wird, daß Hannibal, nachdem er die Karthago vernichtenden Frie-

densbedingungen nach dem zweiten punischen Kriege unter-
zeichnet hatte, aufgelacht habe, so drückt dies Lachen die furchtbare Ironie aus und den diabolischen Hohn, welcher sich des
großen Mannes bemächtigt hat, daß er, der größte Sohn
Karthagos, den Untergang des Staates unterzeichnen mußte.
Der dramatische Ausdruck für dieses Lachen unter Thränen
wäre unendlich schwer und die Sache eines genialen Darstellers.

Darf sich der darstellende Künstler den Eingebungen des Augenblicks hingeben oder nicht?

Diese Frage ist schon öfter aufgeworfen worden, und berührt eins der wichtigsten Probleme der Schauspielkunst. Der Fragende will nämlich wissen, ob sich der Darsteller den Eingebungen seiner Phantasie überlassen
dürfe, oder ob er vorher schon Alles in Erwägung ge-
zogen und berechnet haben müsse! Die Wahrheit wird
sich auch hier, wie überall, als eine Einheit dieser Gegensätze darstellen. Wer sich nur den Eingebungen des
Augenblicks überläßt, wird uns nur Einzelnheiten bieten
können; er wird, wenn sein Genius mächtig ist, uns
stellenweise entzücken, aber auch eben so oft abstoßen
und verletzen! Wenn aber der Schauspieler Alles, bis
auf die geringfügigsten Einzelnheiten hin vorher berechnet,
so läuft er Gefahr sich um den Eindruck einer **Totalität** zu
bringen, also kein volles Menschenleben vor uns hinzu-
stellen. Schon daraus ergiebt sich, daß die Wahrheit für
die oben aufgestellten Fragen nur in der Vereinigung der
beiden Momente, welche sie einschließen, beruhen kann.
Durch den Akt der freien Phantasie erhebt sich der Darsteller zur Anschauung eines vollen Menschenlebens;

durch die Reflexion begreift er alle Einzelnheiten des
Gesammtbildes. Ein Schauspieler, in welchem nur
eins dieser Momente thätig ist, muß nothwendeg einseitig
werden; entweder er büßt die Anschauung eines vollen
Menschenlebens, als einer Totalität ein, oder er giebt
uns nur zerstreute Funken, ohne uns die erwärmende
Kraft mitzutheilen. Ein Schauspieler ohne schöpferische
Phantasie kann daher niemals ein volles Leben erschaffen,
weil er nicht bis zum Brennpunkt des Lebens vordringt.
Ein Schauspieler, in dem nur die Kraft der Reflexion und
wäre dieselbe auch die scharfsinnigste, thätig ist, kann uns niemals einen in sich zusammenhängenden Charakter
darstellen. Nur wo ein wirkliches Gleichgewicht dieser
beiden Momente herrscht, ist eine wahrhafte Menschen-
darstellung möglich. Nur in der Vereinigung dieser
beiden Momente, welche der Verstand auseinanderhält,
vermag der Schauspieler dem Zuschauer die völlige Illusion zu bereiten, einen dichterischen Charakter vor sich
zu haben. Erst die Einheit beider Momente giebt dem
Darsteller das Zeugniß, daß ein Genius in ihm waltet,
und daß Mächte in ihm thätig sind, welche weder gelehrt
noch gelernt werden können.

Je höher nun ein dichterischer Charakter steht, je
mehr derselbe das Zeugniß eines großen Dichters ist,
desto nothwendiger ist auch für seine Verwirklichung auf
der Bühne das lebendige Ineinanderwirken beider
Momente. Shakespeare gegenüber ist es dem Schauspieler
geradezu unmöglich eine großartige Wirkung hervorzubringen, wenn nicht in seiner Darstellung beide Momente
unabläßig und stetig wirksam sind. Die großen
Schauspieler sind nur darum so selten, weil die lebendige Einheit der genannten Gegensätze so selten in
einem Individuum thätig ist. Darum läßt sich auch fast
niemals mit einiger Gewißheit nur die nachhaltige Kraft

eines Darstellers diviniren, weil man niemals wissen
kann, ob die beiden Momente der Inspiration und Reflexion in gleichem Maaße sich in ihm thätig erweisen.

Ein Wort über die Anwendung der Plastik in der Schauspielkunst.

Die Unklarheit und Verworrenheit der Begriffe über das
Verhältniß der Plastik zur Schauspielkunst ist unglaublich.
Man hört sehr oft die Plastik eines darstellenden Künstlers
rühmen, ohne daß man sich bewußt ist, damit unter Umständen
einen entschiedenen Tadel auszusprechen. Um das Verhältniß
der Plastik zur Schauspielkunst richtig aufzufassen, muß man
sich zunächst die Aufgabe der Schauspielkunst überhaupt vergegenwärtigen. Die Schauspielkunst ist wesentlich Menschen-
darstellung; den ganzen Reichthum des Gemüthslebens zur
Anschauung zu bringen, ist ihre Aufgabe, ihr Triumph. Damit scheint nun zunächst das Wesen der Plastik in einem gewissen Widerspruch zu stehn; denn dieselbe stellt das Ideal
stets in der Ruhe und Abgeschlossenheit dar. Die Plastik kann
daher für den Schauspieler zunächst nur die negative Bedeutung
haben, alles Unschöne oder Unedle in der Bewegung fern zu
halten. Sobald aber die Plastik in der Schauspielkunst sich
selbstständig zur Geltung bringen will, läuft die Darstellung
Gefahr die Wahrheit einzubüßen. Die Plastik kann daher in
der Schauspielkunst immer nur die Bedeutung haben, mit-
zuwirken, aber niemals Selbstständiges erreichen zu
wollen. Wenn aber der Schauspieler den Zuschauer durch
seine Plastik für sich selbstständig fesseln will, so muß er nothwendig die Wahrheit, welche stets das höchste Gesetz bleiben
soll, aufgeben. Der Schauspieler hat sich daher beim Studium
seiner Rolle stets die Frage vorzulegen: Ist die Stellung oder

Bewegung auch in Harmonie mit der Situation? Nur in diesem Falle darf sich der Schauspieler einer edlen Plastik in Haltung, Stellung und Bewegung befleißigen. Sobald aber der Zuschauer durch die Plastik eines Schauspielers für sich allein gefesselt wird, so muß in demselben nothwendig die Anschauung hervortreten, daß der Schauspieler die Absicht habe, ihn wesentlich durch die Plastik interessiren und fesseln zu wollen, daß er also das rein Menschliche der Form aufopfere. Auch hier gilt Goethe's ewiges Wort: „Man merkt die Absicht und man ist verstimmt."

Warum sind in keiner Kunst die Täuschungen so häufig als gerade in der Schauspielkunst?

Niemand wird die Erscheinung bestreiten, daß man in keiner Kunst den sich ihr widmenden Jüngern oft so glänzende Erfolge weissagt, als gerade in der Schauspielkunst. Ist dies zufällig, oder in der Natur dieser Kunst begründet? Sind schon in der Poesie und Musik die Täuschungen über das Maaß der Begabung sehr häufig, so stehen dieselben doch zu den Täuschungen und Enttäuschungen in der Schauspielkunst in gar keinem Verhältniß. Eltern und Freunde weissagen den Jüngern dieser Kunst nicht selten die glänzendste Zukunft, wovon später gar nichts in Erfüllung geht. Das liegt nun vornehmlich darin, daß in keiner Kunst die Naturseite der Begabung eine so große Rolle spielt, als in der Schauspielkunst. Unter der Naturseite verstehen wir hier die Persönlichkeit und das Organ. Sobald sich eine einnehmende Persönlichkeit mit einem klangvollen Organ verbindet, so ist man nur zu geneigt, dem sich der Schauspielkunst widmenden Jünger eine glänzende Zukunft zu weissagen. Man übersieht aber dabei nur, daß die Naturseite der Kunst noch nicht die Kunst selber ist. Eine einnehmende Persönlichkeit und ein wohlklingendes Organ sind freilich in der Schauspielkunst von größtem Vortheil, aber sie sind nicht Alles. Es ist daher natürlich, wenn Jünglinge und Mädchen, ausgestattet mit einer einnehmenden Persönlichkeit und einem wohlklingenden Organ, schon darin eine besondere Aufforderung finden, sich der Schauspielkunst zu widmen. Aber man verwechselt hierbei die Bedingungen der Kunst mit der Kunst selbst. Man läßt nämlich dabei, und darauf beruht der Grundirrthum, die geistige Seite der Kunst ganz außer Acht, wir meinen nämlich die schöpferische und gestaltende Phantasie. Auch in der Schauspielkunst ist die schöpferische Phantasie das eigentlich Bewegende. Es erklärt sich daher sehr natürlich, daß so viele Personen, welche mit glänzenden Aussichten sich der Schauspielkunst widmen, doch später ganz spurlos verschwinden. Wenn den wahrhaften Schauspieler erst diejenige Fähigkeit macht, sich vermittelst seiner Phantasie ganz in eine andere Persönlichkeit zu versetzen und dieselbe klar anzuschauen, so ist auch natürlich, daß diese Fähigkeit erst den wahren Beruf zur Schauspielkunst in sich schließt. Personen, von der Natur glänzend ausgestattet, können sich eine Zeitlang sogar großer Erfolge erfreuen, werden aber dann, wenn es darauf ankommt, vermittelst der freien Phantasie selbst Gestalten zu schaffen, nicht selten ihre geringe Begabung und ihre künstlerische Armuth erfahren. Es kommt daher auch nicht selten vor, daß man Personen mit einem wenig klangvollen Organ, ja sogar durch ein sprödes Organ beeinträchtigt, allen Beruf zur darstellenden Kunst abspricht. Als ein glänzendes Beispiel hiervon gilt uns Seydelmann, welchem man, da er freilich an einem spröden Organ litt, ursprünglich von manchen Seiten her allen Beruf zur Schauspielkunst absprach, und der sich dennoch zu einer der größten Zierden der deutschen Schauspielkunst erhoben hat. Dies lag daran, daß er mit einer wahrhaft gestaltenden Phantasie ausgestattet war, durch welche er auch die mangelhafte Naturseite seiner Kunst, namentlich sein sprödes Organ, bewältigen, und in Dienst für seine Darstellungen nehmen konnte.

Man kann daher sowohl im Weissagen als im Absprechen eines Talentes in der Schauspielkunst nicht vorsichtig genug sein. Erst eine mehrjährige Erfahrung auf der Bühne kann Jemandem die Gewähr geben, ob er wirklich zum Schauspieler berufen ist, oder diese Kunst nur ganz äußerlich betreibt. Es bleibt eine der vorzüglichsten Aufgaben des Leiters einer Bühne, das in einer noch spröden Hülle schlummernde Talent zu ent= decken und ihm die Wege seiner Entwicklung zu öffnen. Dies vermag natürlich nur ein mit großem künstlerischen Takt und Instinkt begabter Vorstand einer Bühne. Darin liegt der eigentliche Nerv eines ächten Bühnenleiters, das ächte Talent herauszufinden und verwerthen zu können, also das Gold von den Schlacken stets zu unterscheiden. Alles Andere ist, damit verglichen, leicht. Alle stimmen darin überein, daß diese Unterscheidungsgabe eine der stärksten Seiten des Iffland'schen Genius war. Denn nicht selten hat derselbe da, wo Andere nur Schlacken und eine völlige Talentlosigkeit sahen, das Gold des Genies entdeckt und zu verwerthen gewußt. So viel auch die persönliche Ausübung der Kunst dazu beitragen mag, einen solchen Blick zu schärfen, so bleibt doch immer der Genius des Künstlers die Hauptsache. Wenn derselbe auch nicht allen Täuschungen und Irrthümern entgehen kann, so wird er doch in den meisten Fällen das Richtige treffen, und mit Glück dafür besorgt sein, seiner Bühne immer neue Talente zuzuführen!

—————

Die Charakterdarstellung.

Alle Charakterdarstellung will einen ganzen, das Princip seines Lebens in sich tragenden Menschen vor uns hinstellen.

Der Dichter giebt dem Schauspieler den Stoff dazu im Elemente der Phantasie, den er in die sinnliche Realität überzusetzen hat. Wie aber im Dichter der Charakter nicht durch ein Aggregat einzelner Züge entsteht, welche er der Wirklichkeit entnimmt und zu einem Gesammtbilde vereinigt, sondern derselbe auf einmal als ein Ganzes vor seine Seele tritt, welchen er dann mit denjenigen Zügen und Aeußerungen ausstattet, welche aus der Anschauung des innersten Lebenspunktes mit Nothwendigkeit folgen, so erscheint in der Phantasie des darstellenden Künstlers auch der dichterische Charakter auf einen Schlag als ein Ganzes, welches er sich an der Hand des Dichters zu einem individuellen Dasein gestaltet. Auch der größte Reichthum der Beobachtungen und der größte Scharfsinn in der Zergliederung vermögen nur dem vor der Phantasie stehenden Bilde seine Farbe zu leihen, aber es niemals zu erschaffen. Es ist daher das absolute Kennzeichen der Künstlernatur, einen Charakter als ein organisches Ganzes anzuschauen und als solches zu durchleben, zu dessen Ausführung alle natürlichen und durch Bildung erworbenen Mittel des Tons und der Geberde in Bewegung gesetzt werden müssen. Ueber das Maaß der Energie, den vom Dichter vorgezeichneten Charakter als einen lebendigen Menschen anzuschauen, vermag nur die Darstellung selbst zu entscheiden.

Der poetische Charakter erscheint nun in dem Darsteller zuerst im Elemente seiner Phantasie, wo er so lange genährt wird, bis er in die sinnliche Wirklichkeit entlassen werden kann. Aber es kann durch diesen Akt des Uebersetzens aus der innern Anschauung in die Realität nichts Anderes verwirklicht werden, als was in der Phantasie selbst lebendig ist. Die erste Thätigkeit des darstellenden Künstlers ist mithin die Auffassung des Charakters. Auf ihr beruht insofern die ganze Darstellung, als die letztere nur die Bewährung der Auffassung ist. Sie verhält sich mithin zur Darstellung selbst, wie das Wollen zum Handeln, der Begriff zur Wirklichkeit. Die Auffassung oder die innere Anschauung des Charakters ist also für den Schauspieler der erste Akt des Schaffens, welcher auf seine Vervollständigung durch die Darstellung eben so nothwendig hinweist, als der Wille auf die That.

Bei der Auffassung des Charakters ist es die erste Pflicht des Künstlers, in die Absichten des Dichters einzudringen und das Verhältniß des Einzelnen zum Allgemeinen zu begreifen. Der Charakter ist also nicht sicher und klar zu erfassen, ohne daß der Schauspieler sich von der Idee des Stückes Rechenschaft giebt und sich daraus die Intentionen des Dichters für die einzelnen Figuren des Dramas in's Bewußtsein hebt. Je mehr er im Stande ist, das Dichterwerk aus einem Stücke zu begreifen und in seiner Gestaltung den Organismus eines bestimmten schöpferischen Princips zu erkennen, desto entschiedener werden ihm auch die einzelnen Charaktere als Träger der Idee erscheinen und in ihrer absoluten Bedeutung gegen einander erkannt werden. Aus dieser Grundlage erwächst allein die ideale Auffassung eines Charakters, welche das höchste Gesetz für den Darsteller bleibt. Worauf beruht aber eine ideale Auffassung? Sie darf fälschlich nicht etwa in eine Veredlung des Charakters in dem Sinne gesetzt werden, daß überhaupt die unsittlichen Elemente desselben so viel als möglich gemildert werden sollen. Der Darsteller liefe dann nicht selten Gefahr, den ganzen Nerv des Stücks zu zerschneiden und dem Dichter die tiefsten Intentionen zu verkümmern. Das Furchtbare, das Dämonische eines Charakters soll nicht gemildert und geschwächt werden, wo es einen wesentlichen Hebel des Werkes oder gar die Pulsader der ganzen Organisation bildet. Der Schauspieler, der die Idealität der Auffassung überhaupt von dem sittlichen Gesichtspunkte aus betrachtete, würde nicht selten in die verkehrtesten Ansichten hineingerathen und liefe Gefahr, den ganzen Bau eines Dichterwerks von Grund aus zu zerstören. Die Kunst soll der Tugend ihre Züge und dem

Laster seine Schmach unverhüllt lassen. Derjenige Schauspieler, welcher also den Triumph seiner Auffassung darein
setzte, einem verbrecherischen, unsittlichen Charakter so viel als
möglich mildernde Züge abzugewinnen, würde die Moral in
sehr vielen Fällen auf den Ruinen der Kunst erheben und die
scharfe plastische Bestimmtheit des Bildes in eine physiognomie-
lose Figur verwandeln, die uns weder die Energie des Bösen
noch des Guten offenbarte.

Die ideale Auffassung eines Charakters wird dagegen
überall in die Fähigkeit zu setzen sein, eine Individualität als
Repräsentanten einer Idee anzuschauen und festzuhalten. Dadurch allein wird sie über den Standpunkt einer zufälligen,
aus dem Leben gegriffenen Erscheinung zu einer dichterischen
Gestalt erhoben. Das absolute Ziel einer idealen Auffassung
ist mithin, in dem darzustellenden Charakter, vorausgesetzt, daß
derselbe diesen Namen überhaupt verdient, den Repräsentanten
eines allgemeinen Inhalts, eines Princips zu erblicken, der sich
nur in dieser individuellen Form verkörpert hat. Bei den
vorzugsweise sogenannten idealen Naturen wird dies sogleich
zugestanden und es drängt sich eine solche Auffassung dem
Darsteller sogleich als die einzig dichterische auf. In der
Jungfrau von Orleans, der Iphigenia, der Julia,
der Desdemona und Imogen wird Jeder augenblicklich
Gattungscharaktere erkennen, in welchen sittliche Ideen und die
edelsten Empfindungen der menschlichen Natur ein individuelles
Dasein erhalten haben. Jede Darstellerin wird sich auch
mühelos zu dieser Anschauung erheben und in den genannten
Gestalten Repräsentanten idealer Gemüthsrichtungen, nicht
Special-Menschen erblicken. Ja, diejenigen Figuren, welche
sich unmittelbar an unsere ideale Natur wenden, werden auch
nicht leicht Gefahr laufen, durch die Auffassung herabgezogen
zu werden. Dasselbe gilt von den männlichen Figuren eines
Posa, des standhaften Prinzen, Tasso's, Romeo's,
Brutus, Edgar's u. s. w. Wer sich überhaupt an die

Darstellung dieser Gestalten wagt und sich von ihnen bewegt
fühlt, wird wenigstens in ihnen Gattungs-Menschen, Organe
der heiligsten Interessen und Empfindungen erblicken, wie
weit auch nachher die Leistung hinter der Anschauung zurück-
bleibe.

Bei denjenigen Figuren, welche sich sogleich als Gattungscharaktere ankündigen, wird es also Jeder zugeben, daß eine
ideale Auffassung in ihnen Träger allgemeiner Richtungen erkennen müsse. Der Schauspieler muß sie also in seiner Phantasie auch in diesem Sinne anschauen und die Fülle der einzelnen Züge zu einem Gesammtbilde vereinigen, um in dem
individuellen Charakter zugleich einen Repräsentanten einer
Gesammtheit darstellen zu können. In diese Kategorie gehören
auch die Charaktere des Molière'schen Lustspiels. Niemand
wird in ihnen Träger allgemein menschlicher Schwächen und
Verkehrtheiten erkennen. Eine ideale Auffassung erhebt sich
also dazu, in diesen Individuen Gattungs-Menschen anzuschauen, in welchen die Idee gleichsam die Fülle ihrer Erscheinungen in ein einziges Exemplar zusammengefaßt hat. In
dem Geizigen sieht also eine ideale Auffassung zugleich die
ganze, auf den irdischen Besitz gerichtete Leidenschaft der Seele
verkörpert und in der Summe der einzelnen Züge nur das
konkrete Bild der Gattung, nicht zufällige Erscheinungen und
Lebensäußerungen eines einzelnen Individuums. So erhebt
sich eine ideale Auffassung bei der Gestalt Shylock's zur Anschauung des gemißhandelten, erniedrigten, von seinen materiellen
Interessen besessenen, den Christen tief grollenden Judenthums.
Sie verdichtet sich also die charakteristischen Züge zu einem
großen Bilde, welches sie in seiner Allgemeinheit und Bestimmtheit zugleich zu versinnlichen strebt. Die ideale Auffassung des Charakters centralisirt also ununterbrochen und
faßt in der individuellen Lebendigkeit das Allgemeine, welches
dieselbe verwirklicht, so auf, als ob ein für allemal die Gattung sich in dieser einzigen Erscheinung erschöpft habe.

Schwieriger und daher seltener ist aber eine ideale Auffassung von Charakteren, durch welche der Mensch in seiner
begeisterungsvollen Theilnahme für die Helden der edelsten und
menschlichen Empfindungen verletzt wird, der Charaktere aus
gröberem Stoffe geformt und mit der harten Rinde der
Wirklichkeit umgeben, an welcher die herrlichsten Naturen nicht
selten unbarmherzig zerbrechen. Diese scheinbar selbstsüchtigen
Gestalten, welche dem natürlichen Empfinden im absoluten
Unrecht gegen die idealen Gestalten zu sein dünken, während
sie doch ebenfalls ein hohes Recht haben und vertreten, sind
einer trivialen und uneblen Auffassung sehr leicht unterworfen,
obwohl dadurch das Dichterwerk nicht selten völlig verkehrt
und herabgezogen werden kann. Wir erinnern dabei an Gestalten wie Carlos im Clavigo, Burleigh, Antonio
Montecatino, Octavio Piccolomini u. s. w. Ein
Schauspieler, der in diesen nur selbstsüchtige, auf den Ruin
Anderer bedachte und sich an ihrem Untergange weidende
Menschen erblickt, den zeihen wir einer gemeinen Auffassung,
weil er es nicht vermag, in ihnen die Vertreter objectiver Interessen anzuschauen und trotz ihres unbarmherzigen Eingreifens
in die Verhältnisse auch die Organe berechtigter Ideen zu
erkennen. Unter allen diesen ist vielleicht Carlos im Clavigo am meisten der Gefahr einer gemeinen Auffassung
Preis gegeben, welche in ihm nur den hämischen und berechnen-
den Zerstörer fremden Glücks und den schadenfrohen Lenker
der Schwäche Clavigo's sieht, nicht den Repräsentanten des
weltmännischen, allerdings gemüthlosen Verstandes, der aber,
Clavigo gegenüber und bei der ganzen Lage der Dinge, auch
in einem gewissen Rechte ist, indem er nur eine Verbindung
lösen hilft, die schon nicht mehr innerlich zusammenhielt, sondern
in Clavigo's Gemüth selbst nur noch auf einer Selbsttäuschung
beruhte. So allein wird der Charakter aus der gemeinen
Region eines bloßen Intrigant in die Sphäre erhoben, worin
er uns als der Repräsentant eines Weltverstandes erscheint,

der über einen zwar geistig hochbegabten Mann, aber sittlich
unmündigen Schwächling die Vormundschaft übernimmt, um
ihm die Bahn zu ebenen, die er nach Carlo's Ueberzeugung
zu gehen berufen ist. Wer in Burleigh nur den hartherzigen Menschen erblickt, der über den Untergang der Maria
triumphirt, und diese Auffassung in seine Darstellung über-
trägt, zieht ihn in eine gemeine Sphäre herab, während er in
ihm den Repräsentanten des englischen Staatsinteresses, der in
dem Tode der Maria die einzige Bürgschaft für die Sicherheit des Staats und des protestantischen Princips sieht, festhalten soll. Wer z. B. im Antonio, Tasso gegenüber, nur
jenen persönlichen Neid darstellte, welcher mit Mißgunst auf
den dem Tasso zu Theil gewordenen Lohn blickt, würde diese
edle Gestalt durchaus herabziehen und uns dadurch das ganze
Bild beflecken. In Antonio ist vielmehr das Bewußtsein des
Staatsmanns durch eine in seinen Augen übergroße Gunst
verletzt, welche er nur der ihm höchsten Thätigkeit des Staatsmanns aufbewahrt wissen will. Antonio fühlt sich daher bei
seinem Auftreten beim Anblick des bekränzten Tasso vielmehr
in seiner ganzen Auffassung der Welt und der Würdigung
ihrer Verhältnisse als persönlich verletzt. Von diesem Standpunkte aus vermag er auch zu einem schonenden und heilenden
Freunde Tasso's zu werden. Welch ein Unterschied aber für
das dichterische Werk, wenn an die Stelle dieser Auffassung
ein neidischer, über den Dichterruhm Tasso's nur erbitterter
Mann vor uns steht! Wie soll sich aus diesem am Schluß
des Stücks Antonio als der rettende Fels erheben, an welchem
der verzweiflungsvolle Dichter sich festklammert, wo bleibt
dann die Idee des ganzen Kunstwerks, welche sich um die
Versöhnung der Gegensätze der einseitigen Idealität und der
vernünftigen Wirklichkeit bewegt.

Diese Beispiele werden die Wichtigkeit und die Bedeutung
einer idealen Auffassung in einer Sphäre zeigen, wo die unmittelbare Empfindung so leicht in dem kalten und besonnenen

Vertreter auch berechtigter Interessen nur einen hartherzigen
Menschen erblickt.

Die ideale Auffassung des Charakters hat sich also überall
in dem Vermögen zu bethätigen, in den dramatischen Gestalten
Repräsentanten von Ideen anzuschauen. Auch selbst für diejenigen Charaktere, welche selbstsüchtige Interessen durch Verbrechen und Frevel verfolgen, bleibt dies allgemeine Gesetz
gültig. Die ideale Auffassung geht hier besonders auf die
Quellen des menschlichen Handelns zurück und dringt bis zum
Kerne derjenigen Weltanschauung vor, durch welche sowohl die
Natur eines solchen Charakters begreiflich und völlig consequent
erscheint, als auch sein Verhältniß zu der in dem ganzen Drama
sich entwickelnden Weltordnung nothwendig erscheint. Die Natur
der selbstsüchtigen Interessen und der Kreis, in welchem die
Frevel begangen werden, macht aber hier einen Unterschied.
So wird eine ideale Auffassung in Richard III. nicht nur
den abstrakten, alles göttliche und menschliche Recht verhöhnenden
Bösewicht sehen, sondern den mit den bedeutendsten Geistes-
gaben ausgestatteten, die großen Verhältnisse beherrschenden
Mann, der diese mächtigen Eigenschaften zur rücksichtslosen
Befriedigung einer maaßlosen Selbstsucht verwendet, aber doch
durch das Ziel seiner Frevel, die Krone Englands, über die
Sphäre gemeiner Interessen erhaben ist. Eine ideale Auffassung wird bis zu den letzten Wurzeln dieser dämonischen
Gesinnung Richards vordringen und in dem körperlich ver-
wahrlosten, von den Freuden der Liebe zurückgestoßenen Richard
den Abgrund eines Ingrimms erblicken, der sich an der Natur
rächt, welche ihm den Genuß der seligsten Empfindungen grausam
verschlossen hat. Eine ideale Auffassung wird in ihm den
Schlußstein eines von Frevel zu Frevel forteilenden ganzen
Geschlechts erblicken, durch welches der Arm der weltgeschicht-
lichen Nemesis das an den Individuen rächt, was sie an Andern
gesündigt haben. Diese Auffassung, weit entfernt, etwa das
Furchtbare der Verbrechen, das Dämonische der Gesinnung zu

verhüllen, steigert vielmehr das Grauen und das Entsetzen über
die völlige Verkehrung eines ursprünglich so reich begabten
Geistes, während sie uns durchaus den Anblick eines gemeinen
Verbrechers entzieht. Eine ideale Auffassung wird ferner selbst
im Jago nicht nur den gemeinen Bösewicht erblicken, sondern
theils in dem Gewicht, welches sie auf die Motive seines Hasses
legt, die durch Zurücksetzung, wie durch den Argwohn des
Ehebruchs tiefgekränkte Ehre, theils in der überlegenen Geistes-
kraft und dem Anflug von Humor, welchen ihm der Dichter
absichtlich zugetheilt hat, Momente finden, welche diese Gestalt
in eine höhere Sphäre heben, ohne die grauenerregende Bosheit,
mit welcher er das Ziel seiner Rache verfolgt, im Geringsten
zu mildern.

In den vorzugsweise als dämonisch zu bezeichnenden
Naturen geht, wie wir gezeigt, die ideale Auffassung dahin,
sie durch das Zurückgehen bis auf die Quellen der Gesinnung
und das Herauskehren der an sich positiven Eigenschaften, wie
etwa eines großartigen Verstandes, der Energie im Verfolgen
und Festhalten ihrer Zwecke, über den Schlamm der gemeinen
Bosheit und niedriger Lasterhaftigkeit emporzuhalten. Auch
sie müssen dadurch zu dichterischen Gestalten erhoben werden,
daß wir in ihnen das Bild einer Verzerrung der ursprünglich edelsten Züge unserer menschlichen Natur erblicken. Auch
hier kommt es also, wie im Leben und in der Wissenschaft,
immer darauf an, in dem Negativen nicht nur das Negative
zu erblicken, sondern darin noch ein positives Moment heraus-
zufühlen und geltend zu machen. Ja selbst da, wo der
Dichter durch die Zeichnung seiner Charaktere nicht dafür ge-
sorgt hat, dem Darsteller Anhaltepunkte für eine ideale Auffassung zu geben, ist es seine Aufgabe, aus dem Gegebenen
das Fehlende durch die Phantasie zu ergänzen und die Data
des Dichters als Theile eines Gerippes zu betrachten, aus
welchem er, dem vergleichenden Anatomen ähnlich, der sich
rühmen darf, aus einem einzelnen Knochen die wesentliche

Natur des ganzen Thieres zu erkennen, sich einen ganzen
Charakter organisirt. Indem sich der Darsteller auf diese
Weise einen vollständigen Menschen erschafft, überflügelt er
sogar eine unlebendige Auffassung des Dichters, welche nur
ein aus verschiedenen Zügen zusammengesetztes Geschöpf, keinen
ganzen Menschen zu formen gewußt hat. In solchem Falle
wird der Darsteller den Dichter wie den Zuschauer wahrhaft
überraschen können, indem er aus den gegebenen Einzelnheiten
eine lebendige Gestalt zu geben vermag, wie der große Maler
aus wenigen Strichen ein charakteristisches Bild. Je tiefer
der Darsteller in seiner Auffassung in die Geheimnisse eines
Menschenlebens eindringt und es aus seiner ganzen Lebens-
bewegung, aus dem Zusammenwirken der Weltverhältnisse und
den gegebenen Bedingungen in der Natur des Individuums
herausdivinirt, desto klarer und anschauungsreicher steht der
Charakter vor seiner Seele. Dies Moment, einen gegebenen
Charakter vermittelst der Phantasie bis in die Anfänge seiner
Bildung, die Bedingungen seines Lebens zurückzuverfolgen und
rückwärts zu construiren, ist für den Darsteller von der höchsten Wichtigkeit und dies Vermögen ein entscheidendes Kriterium
seiner schöpferischen Anschauung. Wie der große Kritiker aus
der ganzen Summe der gegebenen Verhältnisse und der aus
der Beschäftigung mit einem Schriftsteller ihm gewordenen
Anschauung von dessen ganzer Denk- und Darstellungsweise,
mit divinatorischer Kraft eine Stelle im Sinne des Schrift-
stellers ergänzt, ja ein ganzes Werk als untergeschoben ver-
wirft oder ihm vindicirt, so wird auch vor der Phantasie des
großen Darstellers das ganze Leben eines Charakters mit
einer solchen Sicherheit und Lebendigkeit stehen, daß er uns
aus dem Gegebenen fast seine Biographie zu entwerfen
und jeden fremdartigen oder verwandten Zug augenblicklich
herauszufinden im Stande ist.

Die Kunst des Erzählens in der dramatischen Poesie.

Im Allgemeinen läßt sich die Frage: „Was soll die dramatische Erzählung von der Bühne herab leisten?" mit wenigen
kurzen Worten beantworten. Es leuchtet ein, daß sich für die
Kunst des Erzählens keine abstrakt allgemeinen Regeln auf-
stellen lassen; nur so viel ist von vornherein festzuhalten, daß
es unter allen Umständen die Hauptaufgabe des dramatischen
Erzählers sei, uns den Vorgang, den wir aus seinem Munde
als vergangen vernehmen, gleichsam als eine vor unsern
Augen sich entwickelnde gegenwärtige Thatsache mit durchleben
zu lassen. Daß es eine weitere allgemeine Forderung an den
erzählenden Darsteller sei, das Bild, das er vor unsern Augen
entrollt, zur vollen sinnlichen Klarheit und Anschaulichkeit zu
bringen, dies bedarf wohl, als selbstverständlich, eben so wenig
einer ausdrücklichen Erwähnung, als die daraus abgeleitete fernere
Forderung: nicht blos einzelne Striche und Streiflichter des
Gemäldes zu geben, sondern durch verständnißvolle und lebendige Zusammenfassung aller im Wesen des Stoffes liegenden
Momente das Bild zu einem künstlerisch abgerundeten Ganzen
für uns heraus zu gestalten. Nach diesen kurzen allgemeinen
Andeutungen wollen wir es versuchen, beispielsweise an einige
der bedeutendsten dramatischen Erzählungen specielle Winke
und Fingerzeige für die Auffassung und künstlerische Darstellung zu knüpfen. Wir beginnen mit der Erzählung Raouls
in der „Jungfrau".

Bekanntlich erzählt uns Raoul den ersten Sieg, welchen
die bis dahin immer geschlagenen Franzosen mit Hülfe der
heldenmüthigen Jungfrau über die Engländer erfochten. Der
Erzähler muß sich nun zunächst vergegenwärtigen, daß es der
König ist, zu welchem er spricht. Er darf ferner seine Erzählung nicht als bloßer Bote sprechen, der seinem Feldherrn

einfach Bericht erstattet, sondern er soll uns zugleich mit
fühlen lassen, daß er selber von der hohen Bedeutung des
Vorzutragenden erfüllt ist. Obwohl er aber als heißblütiger
Franzose das Feuer, das der Inhalt seiner Erzählung in ihm
selber erregt, nicht verleugnen darf, so soll er doch wieder alles
Gewaltsame oder gar Exzentrische sorgfältig fernhalten. Der
Grundton seiner Erzählung wird daher eine gewisse Feierlichkeit athmen, wie sie die Situation auch nothwendig erheischt.
Seine Erzählung soll vor Allem ein Bild der rettenden
Jungfrau in großen Zügen vorführen. Alle kleinliche Detail-
malerei ist jedoch sorgfältig zu vermeiden, und das Ganze
durchaus nicht, wie es häufig zu geschehen pflegt, in blos
declamatorischem Style zu halten. Von großer Wirkung wird
es ferner sein, wenn der Darsteller eine psychologisch leicht zu
motivirende Steigerung in den Verlauf der Erzählung bringt.
Er wird mit einer gewissen Beklommenheit, die durch den er-
lauchten Kreis, vor welchem er erzählt, und durch die hohe
Bedeutung des zu Erzählenden natürlich erklärbar erscheint,
seine Erzählung beginnen. Seine Wärme wird sich im Fortgang steigern, und das Ganze mit dem Ton triumphirenden
Selbstgefühls schließen.

Eine der schwierigsten, aber auch interessantesten Aufgaben
für den Darsteller ist die Erzählung des Theramène in
Racine's „Phädra". Auch hier gilt es gleich von Anbeginn den durch die Situation und den Charakter bedingten
Grundton zu treffen. Wir wollen einen Mann in der Fülle
männlicher Jahre, dem Greisenalter nahe, vor uns sehen, der
dem Theseus die furchtbare Kunde von Hyppolyts traurigem
Geschick zu überbringen hat. Natürlich wollen wir dem Theramène anfühlen, daß er selber alle Qualen des Unterganges
seines geliebten Hyppolyt mit durchlebt hat, und von ihnen
auf das Tiefste durchzittert ist. Dies wird der ganzen Erzählung einen tiefschmerzlichen Grundton verleihen müssen.
Steigert sich auch dieser Ausdruck des Schmerzes, je näher

wir zur Katastrophe kommen, so soll auch schon der Beginn
der Erzählung von einem Schmerzenshauche gefärbt sein.
Aber so sehr wir auch berechtigt sind, die Merkmale einer
tiefen, ächt männlichen Rührung an Theramène's ganzer Erscheinung zu gewärtigen, so wird er gleichwohl jeden auch noch
so leise an Sentimentalität oder Weinerlichkeit streifenden Ausdruck strenge zu vermeiden haben. Dabei soll uns auch Theramène in keinem Augenblick den geistigen Adel des Charakters
und seine eigenthümliche Stellung zu Hyppolyt vermissen
lassen. Denn auch er ist kein gewöhnlicher Bote oder Be-
richterstatter, sondern als Erzieher des geliebten Hyppolyt mit
seinem vollen Gemüthe bei dem furchtbaren Geschicke desselben
betheiligt.

Bei der berühmten Erzählung Iphigenia's wird man
der Erzählerin zunächst anfühlen müssen, welch' einen gewaltigen Seelenkampf es ihr koste, das langbewahrte Schweigen
über ihre Ahnen und die Gräuel ihres Hauses endlich zu
brechen. In edelster Haltung und maaßvoller Würde beginnend,
wird Iphigenia bei der Erzählung der Gräuel im Hause des
Atreus und Thyest von Erschütterung überwältigt erscheinen,
und diesem Theile der Erzählung den schmerzlichsten und zugleich einen von Thränen halberstickten Ausdruck leihen. Aber
die hehre griechische Jungfrau darf auch hier der tief schmerzlichen Erschütterung nicht völlig erliegen, sondern sie muß mit
siegreicher Idealität über ihrem Schmerze schweben, und auf
diese Weise der Mittheilung ihrer wunderbaren Rettung den
reinsten und idealsten Ausdruck verleihen.

Eine Aufgabe zwar verwandter, aber doch auch wieder sehr
verschiedener Art hat Lady Milford in ihrer Erzählung gegen
Ferdinand durchzuführen. Auch sie berichtet nach langem
Schweigen endlich über ihre Vergangenheit. Sie ringt sich
mühsam die Fassung ab, dem Geliebten die dunkeln Schatten
ihres Wesens zu enthüllen, zugleich aber auch den ächt menschlichen Kern, den sie keinen Augenblick eingebüßt hat, mit ver-

zeihlichem Selbstgefühl darzulegen. Lady Milford kann nicht einfach genug in der Erzählung ihrer Erlebnisse sein. Fern von jedem Zuge einer gewissen Selbstgefälligkeit oder gar Koketterie, hat sie ihrer Erzählung vielmehr nur den einfach- sten, herzgewinnendsten Ton der Wahrheit zu geben, in welche sich eine tief schmerzliche Rührung über die Tragik ihres Seelenlebens mit einflechten muß. Alles kommt hier darauf an, den Jüngling und uns vollständig zu überzeugen, daß sich die Lady, trotz ihrer zweideutigen Stellung zum Fürsten, den ächt menschlichen Kern unverschrt bewahrt habe. Der Zu- hörer soll daher nicht minder wie Ferdinand von der Wahr- heit und Aufrichtigkeit ihrer Erzählung ergriffen werden, und die tiefe Erschütterung Ferdinands nicht unbegreiflich finden, sondern mit empfinden.

Wir müssen hier noch zweier der in künstlerischer Hinsicht hervorragendsten Erzählungen gedenken, nämlich erstens der Er- zählung des Othello in Shakespeare's Othello, in welcher derselbe vor dem Senate die Entstehung seines Verhältnisses zu Desdemona darthut. Zweitens der Erzählung des Beaumarchais in Goethe's Clavigo, in welcher derselbe in seiner Erzählung gegen Clavigo das treulose Benehmen des Letzteren enthüllt. Was nun zu- erst die Erzählung des Othello betrifft, so giebt sie uns zu- nächst das Bild der Persönlichkeit Othello's. Wir hören in dieser Erzählung den einfachen, von allem rhetorischen Ausdruck fernen Othello, dem es allein um die Wahrheit und die schmucklose Form zu thun ist. Diesen einfachen, von allem Prunk, aller Schönrednerei fernen Ton hat uns der Darsteller des Othello wiederzugeben. Man muß dem Othello an- hören, daß es ihm nur um die Wahrheit zu thun ist. Nur wenn Othello im Laufe der Erzählung auf die Entstehung der Neigung Desdemona's zu ihm kommt, wollen wir ihn in der Erinnerung daran selbst von Rührung ergriffen sehen, welche er auch durchaus nicht verbirgt. Ueberall darf es dem Othello nur um die einfache Wahrheit zu thun sein. Verfehlt

der Darsteller des Othello in dieser Erzählung den Ton der
Wahrheit, so bringt er sich zugleich um die reinste Wirkung
seines Othello. In dieser Prunklosigkeit, welche die Erzählung
fordert, liegt allein die Schwierigkeit der Aufgabe. Die Erzählung des Beaumarchais in Goethe's Clavigo bietet eine
Schwierigkeit anderer Art dar. Dem Beaumarchais kommt
es zunächst darauf an, seine Gemüthsbewegung vor Clavigo
zu verbergen. Wir wollen ihn von heftiger Gemüthsbewegung
erfüllt sehen, aber eben so sehr von dem Streben, diese
zu verbergen. Beaumarchais will ruhig erscheinen, aber der
Zuschauer soll durch seine nur erkünstelte Ruhe die Aufregung fühlen, in welcher sich Beaumarchais befindet. Diese
muß auch den Ton seiner ganzen Erzählung färben. Beaumarchais sammelt sich zur Ruhe; er erzählt, so weit es seine
Aufregung gestattet, ohne Affect, aber man soll ihm doch die
Anstrengung anfühlen, die es ihm kostet, sich zur Rolle eines
ruhigen Erzählers zu sammeln. Die innere Unruhe, welche
Beaumarchais erfüllt, wird sich vornehmlich in den Pausen
und Halten ankündigen, welche die Erzählung enthält; sie sind
zugleich der Ausdruck der inneren Arbeit des Gemüths und
des Strebens, über die große innere Aufregung einen Schleier
zu ziehen. Das Tempo wird sich gegen den Schluß der Erzählung unwillkürlich beschleunigen, weil der Affect mit der
Anstrengung, ihn zu verbergen, wächst. Aber je näher die Erzählung dem Schlusse kommt, desto freier wird sich die Gemüthsbewegung des Beaumarchais entladen, desto mächtiger wird aus
seiner Erzählung der ihn beherrschende Affect hervordringen, der
endlich am Schlusse der Erzählung seine Spitze erreicht. Beaumarchais sammelt sich offenbar nicht ohne Mühe zu einer
Ruhe, welche es ihm möglich macht, die Erzählung des Verhältnisses Clavigo's zu Marien zu erzählen. Beaumarchais
soll allerdings zunächst nur einfach erzählen. Die einzelnen
Abschnitte benutzt er nur, um sich wieder zur Ruhe zu sammeln. Auch die Tempi müssen durch diese seine innere An-

strengung gefärbt werden. Die letzte Wendung der Erzählung: „Der Verräther bist Du, und der Bruder bin ich" wird sich wie ein Donnerschlag aus dem Munde des Beaumarchais hervordrängen. Je länger der Erzähler seine Maske als Erzähler einer bloßen Begebenheit zu bewahren weiß, um so mehr wird er wirken, wenn er endlich in seiner eigentlichen Gestalt als Bruder Mariens hervortritt. Der Darsteller des Beaumarchais wird das von uns entworfene Bild nur unter der Bedingung einer vollen Herrschaft über den Stoff geben können. Nur dadurch kann der Darsteller in jedem Augenblick über alle seine Modulationen gebieten und die aufgeregte Stimmung des Beaumarchais stets durchscheinen lassen.

Wir wollen am Schlusse dieser kurzen Andeutungen noch der sogenannten symbolischen Erzählung gedenken, welche in der Form des Märchens oder der Allegorie einen tiefen, gedankenvollen Kern verbirgt. Als das vollendetste Musterbeispiel einer solchen symbolischen Erzählung betrachten wir Nathan's Geschichte von den drei Ringen.

Sultan Saladin will von dem weisen Manne einen gründlichen Aufschluß über den Werth und das Wesen der wahren Religion. Nathan fühlt das ganze Gewicht dieser tiefsinnigen Frage. Wir wollen nun zunächst in Nathan's Geiste die berühmte Erzählung entstehen sehn, und so gleichsam den Prozeß ihres Werdens in seinem Geiste mit anschauen. — Die Erzählung selbst, die in edelster Einfachheit zu sprechen ist, darf in keinem Augenblick den Charakter augenblicklicher Eingebung, der Improvisation, ganz verleugnen, soll uns aber zugleich darthun, daß Nathan das klarste Bewußtsein über die tiefe Bedeutung dieses scheinbaren Märchens hat. Ohne die höchste Einfachheit und Schmucklosigkeit des Vortrags würde allerdings der specifische Märchencharakter verwischt; gleichwohl wollen wir gegen den Schluß hin, wo der herrliche Gedanke ächt religiöser Duldsamkeit zu Tage leuchtet, den Vortragenden selbst von der Bedeutung und Größe des Gedankens ergriffen sehen.

Der Vortrag wird zugleich in seinem letzten Theile den Charakter des Feierlichen und Prophetischen annehmen, und somit
durch die begeisternde Größe des Inhalts und den begeisterten
Ton des Vortrags die mächtige Wirkung auf das Gemüth
des Sultans in der Brust des Zuhörers als ächt menschlich
berechtigt erscheinen und daselbst wiederklingen lassen.

Die Salondame im Drama und auf der Bühne.

Die Salondame gehört ganz dem modernen Drama
an. Das antike Drama kennt diese Gattung durchaus nicht,
während sich dieselbe im modernen Drama zu einer besonderen
Gattung und einem besonderen Rollenfache entwickelt hat. Es
ist wichtig und interessant, sich das Wesen der Salondame zu
vergegenwärtigen. Zunächst verstehen wir unter einer Salondame eine Dame aus den höheren gesellschaftlichen Kreisen.
Die erste Forderung, welche wir an dieselbe auf der Bühne
machen, ist, daß sie uns eine ruhige und würdige Haltung
zeige, sparsam in ihren Bewegungen, edel in ihrer Haltung,
ruhig in ihrem Tone. In diesem Sinne fällt die Salondame
mit der Anstandsdame zusammen. Sie soll also wesentlich
repräsentiren. Aber die eigentliche künstlerische Bedeutung der
Salondame beginnt erst da, wo dieselbe mit dem empfinden-
den Weibe in Kampf tritt. Hier wollen wir den Sieg der
Salondame über die Gewalt der Empfindung in der Art
sehen, daß uns dieselbe die Herrschaft über die bloße Empfindung zeige. Dies ist der eigentliche Boden für eine Künstlerin,
welche sich das Fach der Salondamen zu ihrer Aufgabe gewählt hat. Je mehr wir nun die Salondame im Kampf mit
der Empfindung siegreich sehen, um so künstlerischer wird
dieselbe ihre Aufgabe erfüllen.

Zwei Rollen sind uns stets als die bedeutendsten Vertreterinnen des Kampfes der Salondame mit der Gewalt der Empfindung erschienen, nämlich die Gräfin „Orsina" in Lessing's „Emilia Galotti" und „Lady Milford" in Schillers „Kabale und Liebe".

In diesen beiden Rollen soll sich die Salondame vornehmlich darin beweisen, daß sie uns selbst über die gewaltigste Leidenschaft der Empfindung noch siegreich erscheint, und sich als triumphirend über die Macht des Affectes darstellt. Je mehr uns nun eine Künstlerin die Gewalt dieses Kampfes offenbart, desto vollendeter wird sie ihre Aufgabe lösen. Keiner dieser beiden Gegensätze darf dabei zu kurz kommen. Läßt die Darstellerin nur die Macht des Affects walten, so läuft die Salondame Gefahr gänzlich vernichtet zu werden, und wir sehen nur noch ein ganz haltungsloses Weib vor uns, welches die Gesetze der Schönheit zu vernichten droht. Kommt dagegen in diesem Kampfe die Empfindung wenig oder gar nicht zu ihrem Rechte, so bleibt dem Zuschauer zuletzt nur das Bild einer sehr kalten Persönlichkeit, welche uns nicht zu fesseln vermag. Je mehr also die beiden Seiten gleichmäßig zu ihrem Rechte kommen und sich mit gleicher Gewalt hervorthun, um so mehr wird die Künstlerin beiden Forderungen gerecht geworden sein.

Auch auf diesem Gebiete giebt es einen Punkt, der weder gelehrt noch gelernt werden kann, sondern welcher einzig und allein Produkt einer künstlerischen Anschauung ist, welche sich schöpferisch in dieses Gebiet versenkt hat. Nur wahrhaft bedeutenden künstlerischen Naturen ist es gegeben den oben angedeuteten Kampf so wiederzugeben, daß der Zuschauer davon wahrhaft ergriffen wird.

Die Gräfin Orsina in Lessing's "Emilia Galotti".

Seit unseren ersten Andeutungen im Cyklus dramatischer Charaktere hat sich unser Gesichtskreis für diese großartige Conception durch vielfache Vertiefung in diese Gestalt wesentlich erweitert. Neue Momente sind uns entgegengetreten, welche es rechtfertigen, diese merkwürdige Gestalt noch einmal zu beleuchten, um den Darstellerinnen dieser Rolle Führer zu werden.

Wir werfen uns hier zunächst die Frage auf: Was will die Gräfin Orsina mit ihrem Besuche auf Dosalo, und was beabsichtigte Lessing mit ihrem Erscheinen? Es reicht nicht aus, zu sagen, durch das Erscheinen der Gräfin Orsina werden neue Gluthen geschürt und Odoardo's Erbitterung gegen den Prinzen genährt und zur völligen Reife gebracht. Die Sache liegt tiefer. Die Gräfin Orsina, von Eifersucht gestachelt, weil sie unterrichtet ist von einer neuen den Prinzen beherrschenden Leidenschaft, kommt plötzlich gegen den Willen des Prinzen nach Dosalo. Noch von Liebe für den Prinzen erfüllt und zugleich über seine Treulosigkeit entrüstet, erscheint die Gräfin in Dosalo, um entweder den Prinzen wieder zu sich zurück zu führen, ihn von Neuem zu berücken, oder wenn das nicht gelingen sollte, ihn zu tödten und sich so für seine Untreue zu rächen. Darum ist die Gräfin mit einem Dolch bewaffnet, den sie, zur That entschlossen, mitgebracht hat, wie wir aus der Rede mit Odoardo erfahren. Ihm dringt sie den Dolch auf, weil ihr die Gelegenheit versagt ist, ihn zu gebrauchen. Lessing hat diese Absicht der Gräfin nur fern angedeutet, aber sie ist unzweifelhaft. Ihr Dolch sowohl, als mehrere Wendungen gegen Odoardo wären ohne diese Absicht ohne Sinn und ganz bedeutungslos. Aus dieser ganzen, unzweifelhaften Absicht der Gräfin Orsina, Rache zu nehmen an dem treulosen

Prinzen, erklärt sich die gereizte Stimmung, in welcher sie
auftritt, und welche sie keinen Augenblick verläßt! Dieser Gedanke erklärt aber auch zugleich das italienische Weib und ist
ein scharfer Pinselstrich zu ihrer Charakteristik! Nur wenn die
Darstellerin sich mit dem von uns entwickelten Gedanken durch-
dringt, wird sie den Grundton aus Gereiztheit und Schärfe
treffen, in welchem Orsina wachsend bis zum Schlusse des
Aktes verharrt. Ohne daß der von uns entwickelte Gedanke
die Brust der Gräfin erfüllt, wird sie entweder farblos erscheinen, oder die Aeußerungen ihres erbitterten Gemüthes erhalten einen zahmen und unmotivirten Charakter. Je gereizter,
aufgeregter und von Rachedurst erfüllter die Gräfin sich
ankündigt, desto mehr entspricht ihr Erscheinen der Situation
und wirkt in diesem Sinne. Das erste Erscheinen der Gräfin
Orsina im Geiste der Situation ist für die Darstellerin sehr
schwierig und nicht ohne Bedenken. Eine sehr begabte Künstlerin, welche auf der Bühne noch nicht völlig heimisch ist, kann
sehr leicht scheitern und sich die Lösung der Aufgabe unmöglich
machen. Der Grund liegt vornämlich in Folgendem: Die
Gräfin Orsina erscheint erst im vierten Akte, also da, wo die
Tragödie fast ihren Gipfel erreicht hat und der Zuschauer bereits
in die höchste Spannung versetzt ist. Dazu kommt, daß das
Bild der Gräfin schon vom ersten Akt an vor der Seele des
Zuschauers steht, der nun mit tiefer Spannung die wirkliche
Gräfin Orsina zu sehen erwartet. Sie soll also durch ihr
Erscheinen zugleich spannen und interessiren. Daß sie in ge-
reiztem Zustande auftritt, wissen wir. Der Prinz will sie nicht
einmal empfangen. Marinelli ahnet offenbar eine stürmische
Begegnung. Was die Gräfin seit ihrem Eintritt in Dosalo
erfahren hat, Kälte, Zurücksetzung, unehrerbietiges Betragen,
selbst von der Dienerschaft, diente dazu, die schon gereizte
Stimmung der Gräfin noch zu steigern. Was will also der
Zuschauer sehen und hören? Er will, was sich sogleich in den
ersten Worten der Gräfin ankündigt, ein tief aufgeregtes Weib

vor sich sehen. Aber zugleich soll auch die vornehme Salon=
dame vor uns stehen, und dieser Rahmen des Conversationstons
darf nicht gesprengt werden. Also gereizt und erbittert, und
doch zugleich noch gehalten und mäßig, verglichen mit dem,
was im Innern der Gräfin vorgeht. Diese gereizte Stimmung
der Gräfin Orsina bedarf nun für die Behandlung der Rede
eine große Schärfe, welche, ohne der Deutlichkeit irgend Eintrag
zu thun, die Reden zuspitzt, einschneidet und sich, was der
Situation ganz widerstreben würde, aller Dehnung fern hält.
Gerade durch ein fast tonloses Hinwerfen der Rede, besonders
da, wo die Gräfin ihrer Verachtung, wie gegen Marinelli,
Luft machen will, wird die Darstellerin das Bild der gereizten
Italienerin oft am lebendigsten und wirksamsten malen.

Alles, was die Gräfin an Sentenzen und philosophischen
Gedanken ausspricht, darf niemals den Charakter einer doctri=
nären Phrase haben, sondern muß stets der Ausdruck ihrer
Stimmung sein. Man wird ferner der Gräfin anfühlen müssen,
daß sie trotz der Vernachläßigung, welche sie durch den Prinzen
erfahren hat und erfährt, ihn dennoch liebt und schmerzlich
bewegt ist. Dadurch soll die Gräfin unsere Theilnahme und
unser Mitleiden erregen und den Schatten, welcher auf den
Prinzen fällt, um so mehr verdichten. Nach dem kurzen,
kalten, höhnischen Erscheinen des Prinzen soll die Gräfin wie
betäubt erscheinen, als könne sie sich von der Wahrheit des
Erlebten gar nicht überzeugen. Erst durch die Nachricht von
Emilia Galotti's Geschick flammt in ihr eine dämonische Leiden=
schaft auf, welche alle ihre Reden färbt. Sie macht ihrem
gepreßten Gemüthe theils durch dämonisches Lachen, theils
durch das Donnerwort der Anklage gegen den Prinzen, daß er
Appiani's Mörder sei, Luft. Mit Odoardo's Erscheinen, in
dem die Gräfin sogleich den Vater der Emilia ahnt, ändert
sich ihr ganzer Ton wie ihre Haltung. Alles nimmt bei ihr
einen gesteigerten Charakter an. Namentlich ist das der Fall
dem Odoardo gegenüber, wo die tragischen Flammen der Er=

bitterung, des Hohnes und der Wuth aus der empörten Brust
der Gräfin herausschlagen und uns einen Moment sogar, wie
in der Vision, ein fast entfesseltes Weib zeigen. Die Darstellerin
bedarf, um die Vision ganz zu ihrem Recht kommen zu lassen,
einer großen Oekonomie in ihren Mitteln, um hier den Ausdruck des empörten Gemüthes gipfeln zu können und dem Zuschauer dadurch das Bild einer fast bis zur Raserei gesteigerten
Wuth zu geben, ohne doch jemals die Schranken schöner Kunst
zu durchbrechen. Fast in keiner Rolle ist ein Ansichhalten des
Affectes so sehr geboten, als bei der Gräfin Orsina, weil sich
die Darstellerin nur dadurch vor Maaßlosigkeit schützt. Also
wende die Darstellerin alle Farben der Verachtung, des Hohnes,
der Gereiztheit und der Erbitterung an, aber sie halte sich
doch zugleich stets im Rahmen der Salondame, in der Con-
venienz. Je mächtiger die Flammen des Affectes unwill-
kührlich und trotz der Anstrengung, sie niederzuhalten, aus
der Brust herausschlagen, um so größer ist die Wirkung.
Wer nicht durch künstlerischen Tact die Herrschaft über den
Affect gewonnen hat und uns mitten im Wirbelwinde der
Leidenschaft zugleich auch eine künstlerische Ruhe zu zeigen vermag, der bleibe ja von der Lösung dieser Aufgabe fern, welche
unbedingt zu den großartigsten Problemen der Schauspielkunst
gehört.

Minna von Barnhelm und Franziska in dem gleichnamigen Lustspiele von Lessing.

Minna von Barnhelm sowohl als Franziska gehören
unstreitig zu den auf das Feinste ausgearbeiteten weiblichen
Gestalten der dramatischen Literatur, und es ist wohl der
Mühe werth, über ihre Auffassung und Darstellung einige
Andeutungen zu geben, welche um so fruchtbarer gemacht

werden können, als das herrliche, ächt nationale Lustspiel fast auf allen deutschen Bühnen heimisch ist. Zuerst einige Andeutungen über die Minna. Jede Schauspielerin, welche sich im Kreise des feinen Conversationsstückes heimisch machen will, sollte Minna von Barnhelm zum Gegenstand ihres Studiums machen. Sie wird daraus für die Darstellung von Salondamen den größten Nutzen ziehen.

Die Lebensstellung der Minna ist in jeder Beziehung eine glänzende. Sie ist vornehm, reich und schön, zugleich auch unabhängig, und ganz Herrin ihres Willens. Dadurch hat schon diese Gestalt eine von aller äußeren Beschränkung freie Stellung. Durch Erziehung wie durch natürliche Begabung, namentlich durch reichen Mutterwitz unterstützt, ist Minna eine Zierde der höheren Gesellschaft und hat zugleich durch frühe Selbstständigkeit eine große Sicherheit in derselben gewonnen, wo sie, an Huldigungen gewöhnt, stets eine durch Anmuth und feine Wendungsfähigkeit begünstigte glänzende Stellung eingenommen hat. Ihr natürlicher Tact und ihr ächt weiblicher Sinn haben Minna immer vor einer Ueberhebung und vor Hochmuth bewahrt. Diese von uns entwickelten Momente bedingen es schon, daß Minna von Barnhelm vom ersten Augenblick an als ein vornehmes, in der großen Gesellschaft heimisches, anmuthiges Wesen von sinnigem Geiste vor uns hintritt. Je graziöser ihre Bewegungen, je feiner, von aller Gewaltsamkeit und Geziertheit fern ihr Conversationston, der das hochgebildete Mädchen verräth, desto entsprechender wird Minna dem Bilde des Dichters erscheinen.

Aber alle diese glänzenden Eigenschaften gewinnen bei Minna erst ihren reinsten Glanz und ihren höchsten sittlichen Werth durch die Tiefe ihres Gemüthes, den Adel ihres Herzens. Erfüllt von einer aus wahrer Verehrung für den Major von Tellheim stammenden Liebe, fühlt sie sich in dieser Zuneigung zugleich befriedigt und beglückt. Man fühlt es dieser Gestalt an, daß sich alle ihre Gedanken und Empfindungen mit der Liebe zu dem einzigen Manne verweben, welcher fortan sie durch das Leben geleiten soll. Durch ihre Bildung wie durch ihren Mutterwitz ist Minna von Barnhelm nicht nur frei von jedem die Klarheit ihres Empfindens irgend beschränkenden Vorurtheil, sondern hat auch die geistige Freiheit gewonnen, dasselbe, wo sie es bei Andern findet, aufzulösen, und es durch die Waffen des Geistes zu vernichten. Diesen Auflösungsprozeß unternimmt sie dem zu weit getriebenen und daher übermüthigen Begriffe von Ehre gegenüber an ihrem Tellheim, welcher sich in seiner Vorstellung von Ehre und was diese gebietet so eingehaust hat, daß diese Vorstellung bei ihm zu einem starren Vorurtheil geworden ist. Nachdem Minna vergeblich die Waffen des Humors gegen diese Vorurtheile Tellheim's gekehrt hat, unternimmt sie es, ihn durch seine eigenen gegen ihn gewendeten Vorstellungen aus seiner festen Burg heraus zu treiben und ihn zur Auflösung seiner eingebildeten Vorstellung von Ehre zu nöthigen. Hier feiert Minna's Verstand wie ihr edles Herz den Sieg. Man wird der Darstellerin in diesem Prozesse den Kampf anfühlen müssen, den es ihrem Herzen kostet, ein solches Spiel mit Tellheim zu treiben, um ihn geläutert von allen Schlacken eines unseligen Vorurtheils für sich zu erringen. So oft es die Situation gestattet, sehen wir Minna zur Waffe des Humors greifen, durch welchen ihre schöne Weiblichkeit nur in ein um so glänzenderes Licht tritt.

Je näher uns nun Minna von Barnhelm in ihrem Verhalten zu Tellheim in die Tiefe des Gemüthes blicken läßt, je reiner und zugleich natürlicher uns überall ihre echte Weiblichkeit entgegenstrahlt, desto wahrer wird uns ihr Bild entgegentreten.

Franziska in „Minna von Barnhelm" ist vielleicht die feinste Soubrettengestalt der Lustspielliteratur, eine sehr ausgearbeitete Figur und eine eben so dankbare, als anziehend. Aufgabe für Schauspielerinnen dieses Faches. Franziska steht

Rötscher, dramaturgische Abhandlungen.

zu ihrer Herrin in demselben Verhältnisse, wie der Wacht=
meister Paul Werner zum Major von Tellheim. Franziska
ist das Kammermädchen des Fräulein von Barnhelm, aber
mit derselben aufgewachsen, und in denselben Dingen unter=
richtet wie das Fräulein. Durch diese Gemeinschaft in Er=
ziehung und Unterricht ist das Verhältniß zu ihrer Herrin
Minna viel mehr ein freundschaftliches, als ein durch Dienen
untergeordnetes geworden. Man fühlt daher diesem Verhält=
niß eine herzliche Vertraulichkeit an. Alles an die Kluft von
Herrschen und Dienen Erinnernde ist aus diesem Verhältniß
verschwunden. Das Fräulein geht mit Franziska wie mit
ihres Gleichen um. Franziska ihrerseits verdient durch ihre
innige Liebe zu ihrem Fräulein deren herzliches Vertrauen.
Was die Persönlichkeit der Franziska für Minna besonders
anziehend macht, ist ihr heiteres Temperament und der liebens=
würdige Humor, von welchem Franziska getragen ist. Diese
Seite eines frischen, fast kecken Humors hat daher die Dar=
stellerin der Franziska in erste Linie zu stellen. Der Humor
der Franziska, weit entfernt sich in einem Streben nach witzigen
Pointen, oder gar in einer gewissen redseligen Phraseologie
und Geschwätzigkeit anzukündigen, entspringt bei Franziska aus
einem heiteren Naturell, verbunden mit dem Gefühl einer
glücklichen Lage, welche durchaus entfernt ist von jedem, auch
dem leisesten Druck eines Dienstverhältnisses. Franziska's
Humor ist daher von jenem an einen etwa bittern oder gar
boshaften Humor streifenden Charakter frei. Das giebt ihrer
natürlichen Fröhlichkeit auch erst ihren poetischen Nimbus. Ihm
hat die Darstellerin der Franziska vor Allem Rechnung zu
tragen: wir wollen ein von aller Absichtlichkeit freies, fröh=
liches Geschöpf vor uns sehen, voll Herzlichkeit und lieber=
fülltem Gemüthe. Man soll es daher Franziska anfühlen,
daß der Humor zu ihrer Natur gehört, und daß sie sich in
der Ausübung ihrer natürlichen zwanglosen Heiterkeit unendlich
wohl und behaglich fühlt. Durch ihr Naturell ist Franziska

zugleich vor jedem Uebergriff ihres Humors in das Unweibliche
sicher; sie hält stets die zarte Grenze zwischen liebenswürdiger
Keckheit und weiblichem Uebermuthe fest. Der Humor hilft
Franziska über alles Schwerfällige oder Pathetische hinaus und verleiht ihr sogar die Freiheit, selbst im Augenblick
des Ernstes, wie bei den Worten zum Wachtmeister, noch die
Farben des Humors herauszukehren. Je leichter, freier, schalk-
hafter und anmuthiger die Darstellerin diesen Humor der
Franziska trifft, desto charakteristischer wird sie die Rolle spielen.

--

Andeutungen über den hohen künstlerischen Werth von Lessing's Minna von Barnhelm.

Schon Goethe hat die große Nationalbedeutung von Lessing's „Minna von Barnhelm" gewürdigt. Man muß dieselbe auch in der That sehr hoch anschlagen. Wie nach Goethe
durch den siebenjährigen Krieg zum ersten Mal wieder ein
Vollgehalt in die deutsche Geschichte kam, so bewährt auch
Minna von Barnhelm, welche den siebenjährigen Krieg zu
ihrer Voraussetzung hat, dadurch ein besonderes National-
Interesse, daß sie die aus dem genannten Krieg hervorgegan-
genen Zustände zur Grundlage ihrer Gestaltung macht. Aus
dem siebenjährigen Krieg waren vor Allem Preußen und Sach-
sen, Letzteres besonders durch die Leiden, welche ihm der Krieg
zugefügt, in schroffen Gegensatz zu einander getreten. Lessing's
Lustspiel übernimmt nun insofern die Rolle der Versöhnung zwischen diesen beiden feindlichen Mächten, als es die liebenswürdige,
geistvolle Sachsin, Minna von Barnhelm, zum Sieger über
den preußischen Major Tellheim macht, welcher durch seine
soldatische Strenge und Starrheit sich verfestigt, bis er endlich
durch das eben so geistvolle als liebenswürdige Mädchen überwunden und in seiner Starrheit aufgelöst wird. Aber dies

7*

bildet nur die eine Seite des Luſtſpiels. Dem Begriff des
Luſtſpiels entſpricht das Werk erſt durch ſeine ganze Compoſition. Wenn es überhaupt die Aufgabe des Luſtſpiels iſt,
verkehrte Lebensanſichten und Richtungen aufzulöſen und zu
vernichten, ſo erfüllt Minna von Barnhelm dieſe Aufgabe im
höchſten Sinne. Der Major Tellheim hat ſich in eine völlig,
einſeitige und ſchiefe Vorſtellung von Ehre ſo eingewöhnt, daß
er Gefahr läuft ihr ſein ganzes Lebensglück zu opfern.
Dies Geſpenſt von Ehre, welches er unabläſſig in ſich auf-
genährt und großgezogen hat, beruht aber weſentlich nur auf
der Einbildung: dieſe hat indeſſen eine ſolche Stärke erreicht, daß Tellheim im Begriff ſteht, dieſer durchaus ſchiefen
Vorſtellung von Ehre das reinſte Glück ſeines Lebens zu
opfern, da alle verſtändigen Vorſtellungen gegen das Geſpenſt
der Ehre unwirkſam und ohnmächtig bleiben. Die geiſtreiche
Minna ſtellt ſich nun in den Umkreis ſeiner Stärke, und löſt
von Innen heraus dadurch ſeine einſeitigen Vorſtellungen von
Ehre auf, daß ſie ihn nöthigt, im Beſitz der Minna den
ganzen Vollgehalt ſeines Glückes anzuerkennen und zu ergreifen.
Das Luſtſpiel hat alſo Ernſt damit gemacht, eine verkehrte,
in ſich unhaltbare Vorſtellung aufzulöſen und als unhaltbar
darzulegen. Darin liegt zugleich die ſittliche Bedeutung des
Luſtſpiels, wie jedes Werkes dieſer Gattung, welches dieſen
Namen verdient.

Aber die ganze Compoſition des herrlichen Luſtſpiels er-
weiſt ſich als eine durchaus künſtleriſche, denn nichts wird in
demſelben etwa durch dogmatiſche Phraſen bewieſen und erörtert, ſondern einzig und allein durch die künſtleriſche Compoſition. Den beiden Hauptfiguren, Minna von Barnhelm
und Tellheim ſtehen, gleichſam als eine heitere Parodie, der
Wachtmeiſter und Franziska zur Seite, durch welche ſowohl
die ſoldatiſche Gravität Tellheim's, als die entgegenkommende
Neigung Minna's für ihn heiter und ohne die mindeſte Verletzung parodirt werden. Das ganze Kunſtwerk zeigt uns

übrigens in allen Personen Menschen, nicht nur von Fleisch und Blut, sondern auch solche, wie sie der siebenjährige Krieg hervorgebracht hat. Nichts ist in diesen Gestalten zufällig; sie leben vielmehr alle, weil sie wirkliche Menschen sind. So hat Lessing unter Anderm die rauhe Ehrlichkeit in dem Just, dem Diener Tellheim's, die Eigennützigkeit der Wirthe, welche sich im Krieg bereichert hatten, und endlich die sittliche Zerfahrenheit und Verkommung des französischen Adels im Riccaut de la Marlinière in unvergänglichen Zügen hingestellt; dabei docirt der Dichter in seinem Lustspiel nirgends, sondern Alles und Jedes kommt stets durch die Handlung und durch die sich darin äußernden Persönlichkeiten zum Vorschein. So empfangen wir unter Anderm die Lehre von der nicht hoch genug anzuschlagenden Ehrlichkeit und Treue nicht etwa durch beredte Phrasen, sondern stets durch die Charaktergestalt, wie in der Scene im dritten Akt zwischen Just und Franziska, in welcher dieselbe einzig und allein durch den Charakter des Just und seine ihm ganz eigenthümlichen Lebensäußerungen zur Anerkennung des hohen Vorzuges ächter Ehrlichkeit genöthigt wird.

Die Vertreter des Christenthums in Lessing's „Nathan".

Es ist gewiß der Mühe werth, einige Gestalten in dem großartigsten Denkmal der Aufklärung, im „Nathan" zum Bewußtsein zu bringen. Wir wählen dazu die Gestalten des Patriarchen von Jerusalem, des Klosterbruders und des Tempelherrn, welche, obgleich dieselben keine breite Ausdehnung bekommen haben, doch eine große und allgemeine Bedeutung in Anspruch nehmen dürfen.

Im „Nathan" kam es Lessing vor Allem darauf an, das Prinzip des Humanismus über alle Satzungen einer po-

fitiven Religion triumphiren zu laſſen, oder das Allgemeine
und ewig Menſchliche zum völligen Siege zu bringen.

Es war bei dieſer von Leſſing verfolgten Richtung ganz
natürlich, daß der Dichter auf den chriſtlichen Hochmuth
und Glaubensſtolz einen beſonders ſtarken Schatten zu
werfen ſuchte. Aus dieſem Beſtreben iſt die Geſtalt des
Patriarchen von Jeruſalem entſtanden, welche, obgleich nur
von geringer dramatiſcher Ausdehnung, doch einen reichen
Gehalt in ſich birgt. In der Geſtalt des Patriarchen hat
Leſſing für alle Zeiten den chriſtlichen Hochmuth in
ſeiner alles ächt Menſchliche verhöhnenden Bedeutung gezeichnet. Unter allen Figuren des „Nathan" ſteht daher
der Patriarch dem rein Menſchlichen am Fernſten.

Bekanntlich theilt der Tempelherr dieſem Patriarchen im
„Nathan" mit, daß ſich ein Jude eines Chriſtenkindes eifrig
angenommen, und es erzogen, ihm aber nicht ſowohl die
Dogmen einer poſitiven Religion eingeprägt, ſondern in ihm
vor Allem den Sinn für das allgemein Menſchliche geweckt
und ausgebildet habe. Aus des Tempelherrn Erzählung ver-
nehmen wir ferner, daß das von Nathan erzogene Kind ohne
ihn wahrſcheinlich verkommen wäre. Auf dieſe treue Aus-
einanderſetzung antwortet der Patriarch ſtets nur mit einem
Ausdruck: „Der Jude wird verbrannt!" In den Augen des
Patriarchen iſt es alſo eine Todſünde, welche nur durch den
Scheiterhaufen gebüßt werden kann, das Kind nicht in den
Dogmen des poſitiven Chriſtenthums erzogen zu haben.
Durch den ſtets wiederkehrenden Refrain des Patriarchen:
„Der Jude wird verbrannt!" hat Leſſing die alles ächt
Menſchliche verhöhnende Geſinnung des glaubensſtolzen Pa-
triarchen gezeichnet. Er zeigt dadurch, wie der chriſtliche Hoch-
muth in ſeiner äußerſten Spitze ſich bis zur Verhöhnung alles
ächt Menſchlichen verlieren müſſe.

Aber Leſſing hat dem Patriarchen, offenbar mit großer
Abſicht, auch einen Zug von Servilität gegeben, wodurch dieſer

geistlose Hochmuth des Patriarchen in einem noch grelleren
Lichte erscheint. Da der Patriarch aus den Mittheilungen
des Tempelherrn hört, daß derselbe vor den Augen des Sultans
Gnade gefunden, bittet er den Tempelherrn, doch seiner, d. h.
des Patriarchen, ja beim Sultan in Gnaden zu gedenken.
Durch diesen Zug von Servilität wollte Lessing offenbar
den Schatten auf den christlichen Hochmuth noch greller fallen
lassen. Dem Dichter schwebte dabei vor, wie sich zum geist-
lichen Hochmuth die Servilität geselle, welche Alles nur zum
eignen Vortheil auszubeuten trachtet. Durch die Gestalt des
Patriarchen hat sich Lessing offenbar zugleich an der Bigotterie
und dem christlichen Hochmuth, durch welchen er so viel gelitten, rächen wollen. Diese Gattung von Menschen, welche
der Patriarch vertritt, stirbt nicht aus, sondern erneuert sich
stets, je nach den Verhältnissen. —

Die zweite Gestalt, welche das Christenthum im „Nathan"
vertritt, ist der Klosterbruder. In ihm erscheint das Christenthum in der Form gutmüthiger Beschränktheit. Dadurch sehen
wir die Gestalten, wie unter andern den Patriarchen, vornämlich
befähigt, Vollstrecker des Verbrechens im Namen der christlichen
Religion zu sein. Der Klosterbruder ist aber darum eine
so rührende Gestalt, weil in ihm das rein Menschliche gegen
alle derartige Zumuthungen mit voller Kraft reagirt. Selbst
des Klosterbruders Gehorsam gegen die Kirche vermag
sich nicht unter die Zumuthung des Verbrechens zu beugen.
Das unverwüstlich Menschliche befindet sich fortwährend in
Opposition gegen die Mahnung, ein Verbrechen an einem Un-
gläubigen zu begehen, selbst nicht auf die Gefahr hin, daß die Kirche
die Verantwortung dafür übernehmen wollte. Der Klosterbruder tritt nicht etwa in Reflexionen den an ihn gemachten
Zumuthungen entgegen, sondern er reagirt dagegen in der rüh-
renden Form einer unmittelbaren Empfindung. Daher wirkt
sein Erscheinen auch stets rührend, weil sich das Menschliche
immer nur als eine unmittelbare Berufung seines Gemüths zeigt.

Im Tempelherrn ist das Gold des ächt Menschlichen noch von den Schlacken christlichen Hochmuths umgeben. Er verschmäht sogar den Dank für seine heroische That, des Juden Tochter dem Feuer entrissen zu haben, weil das rein Menschliche bei ihm noch nicht zum Durchbruch gekommen ist.

Nathan stellt sich ganz in den Kreis der Vorstellungen, welche den Tempelherrn noch beherrschen und löst durch die Ueberlegenheit seines Geistes das starre Vorurtheil auf, welches den Tempelherrn noch gefangen hielt. Nathan nöthigt den Tempelherrn, durch die Berufung auf das ewig Menschliche seinem christlichen Hochmuth zu entsagen, um sich in der Anerkennung des rein Menschlichen mit Nathan zu vereinigen. Im Bewußtsein des Tempelherrn wird daher die Bekehrung bewirkt, das Christliche unter das ewig Menschliche gestellt zu haben. Die Unterredung, durch welche Nathan diese Bekehrung bewirkt, ist der reinste Triumph, welchen das rein Menschliche über jeden religiösen Glaubensstolz feiert. Die Bekehrung des Tempelherrn war aber nur darum möglich, weil sich, trotz seines christlichen Hochmuths, das rein Menschliche noch völlig gesund bei ihm erhalten hatte. Also verhält es sich mit den drei Vertretern in Lessing's „Nathan". Erst indem man sich dies völlig zum Bewußtsein bringt, ist die Bewunderung für dieses großartige Denkmal der Aufklärung im achtzehnten Jahrhundert eine hochberechtigte. So lange Geist und Bildung noch Mächte sind, so lange wird auch die Verehrung für Lessing's „Nathan" niemals erlöschen.

Die große Schwierigkeit in der Darstellung des Prinzen in Emilia Galotti von Lessing.

Von jeher haben sowohl Kritiker als Schauspieler die große Schwierigkeit in der Darstellung des Prinzen

gefühlt. Was aber macht vornämlich den Prinzen zu einer
so schwierigen Aufgabe für die Schauspielkunst? Es sind vor
Allem zwei Momente, auf deren Vereinigung bei der
Darstellung des Prinzen Alles ankommt. Wir wollen einer=
seits das Bild eines von einer gewaltigen Leidenschaft
für Emilia Galotti beherrschten Mannes sehen und ihm
doch zugleich auch das Bestreben anfühlen, die Gewalt dieser
Leidenschaft zu verhüllen, also seine Umgebung nicht in die
ganze Tiefe dieser Empfindung blicken zu lassen. Die Auf=
gabe ist also, sowohl den Ausdruck der Leidenschaft zu offen=
baren, und doch zugleich das Bestreben, über die Größe
dieser Leidenschaft zu täuschen. Schon in der ersten
Unterredung des Prinzen mit dem Maler Conti müssen wir
ihm das Walten beider Momente anfühlen. Die Flamme der
Leidenschaft schlägt bei dem Anblick des Bildes der Emilia
Galotti aus dem Prinzen heraus. Aber zugleich wollen
wir doch bemerken, daß der Prinz sich anstrengt, die
Gewalt seiner Leidenschaft noch zu verhüllen. Dies müssen
namentlich seine Fragen an den Maler Conti verrathen. Aus
der Anstrengung, welche der Prinz macht, seine Leidenschaft
für Emilia Galotti zu verbergen, soll der Zuschauer die
Macht derselben nur um so gewisser erkennen. In der ganzen
Unterredung mit Conti wollen wir daher den Prinzen in
einem Kampfe begriffen sehen. Dasselbe gilt von der gleich
darauf folgenden Unterredung mit Marinelli. Dieser schlaue
Hofmann wird sehr bald inne, was in der Seele des Prinzen
vorgeht, und baut darauf sogleich seinen Plan, sich dem Prinzen
unentbehrlich zu machen. So gut Marinelli die Leiden=
schaft des Prinzen durchschaut, soll dies auch der Zu=
schauer. Auch in dieser Scene hat sich also der Kampf im
Prinzen fortzusetzen. Leidenschaftlich und doch zugleich ge=
halten, das ist hier die Aufgabe, um welche es sich handelt.
Je mächtiger beide Seiten zugleich zur Erscheinung kommen,
desto mehr spielt der Darsteller des Prinzen im Sinne des=

Dichters. Der Prinz hat mit Emilia Galotti selbst nur eine einzige Begegnung, nämlich im dritten Akt. Hier ist es die Aufgabe des Darstellers, in Blick, Haltung und Rede seiner mächtigen Leidenschaft für Emilia Galotti vollen Ausdruck zu verleihen. Der Prinz bietet in seiner Er= klärung gegen Emilia Galotti den ganzen Schmelz seiner Empfindung auf, um bei derselben einen bedeutenden Ein= druck hervorzubringen. Der Prinz ist in dieser Unter= redung einerseits noch schüchtern in seinen Liebes-Erklärungen und doch zugleich von einer übergewaltigen Leidenschaft erfüllt. Man muß aus den Reden des Prinzen dies Erzittern der Seele heraushören. Innigkeit, Leidenschaft, schüchternes Begehren sollen sich in diesen Reden des Prinzen zu Emilia Galotti durchdringen. Wir sollen aus dieser Be= gegnung des Prinzen inne werden, daß er offenbar auf die Sinne Emilia's gewirkt, ja, daß sie selbst für sich fürchtet. Nur dadurch ist ihre spätere Erklärung gegen ihren Vater Odoardo zu verstehen, daß Verführung die einzig wahre Gewalt sei, über welche auch sie sich durch= aus nicht erhaben wähnt. Kann der Darsteller des Prinzen seinen Reden zu Emilia nicht den höchsten Schmelz der Empfindung verleihen, und den Accent tiefer Leidenschaftlichkeit, so wird diese schöne Scene ohne Wirkung sein und stets hinter der Absicht Lessing's zurückbleiben.

Worin liegt der hohe Reiz der Lessing'schen Prosa in seinen Dramen?

Niemand wird bestreiten, daß Lessing's Prosa auch heute noch als eine mustergültige gelten kann. Worin liegt dies? Lessing's Prosa in seinen Dramen vereinigt zwei Momente, welche sich sonst einander auszuschließen pflegen.

Sie ist nämlich einerseits fließend, leicht und frei und anderseits gedankenreich und edel. Lessing's Prosa schließt daher sowohl das Pathetische als das Triviale aus; sie ist stets natürlich, lebendig und der Ausdruck des Lebens, ohne sich jemals in Trivialität zu verlieren. Ueberall trachtet Lessing darnach, viel mit wenig Worten zu sagen. Darum wirkt seine Prosa stets so anregend, daß sie den Hörer oder Leser nöthigt, sich ihr gegenüber productiv zu verhalten. Die Lessing'sche Prosa schließt in seinen Dramen durchaus nicht die Zeichnung des individuellen Lebens aus; sie weiß vielmehr jede Gestalt sehr individuell zu färben; nirgends begegnet man überflüssigen Beiwörtern, welche nur die Noth erzeugt hat. Man mache einmal den Versuch, etwas in Lessing's Prosa hinwegzunehmen, oder ihr etwas hinzuzufügen, und man wird sogleich inne werden, daß man etwas an seinem Sinne und Denken verändert hat. Lessing's Prosa ist stets von der schlagendsten Lebendigkeit, da er stets nur so viel giebt, als der Gedanke fordert. Sein großer kritischer Geist wußte seine Prosa von allem Ueberflüssigen fern zu halten. Der Luxus der Prädicate, wenn dieselben nicht unbedingt zur Sache gehören, ist schlechthin verbannt. Durch die Vereinigung von Gedankenreichthum und Leichtigkeit in der Satzfügung wird Lessing's Prosa mustergültig bleiben, so lange es noch deutsche Bildung und ächten Sinn für edle Prosa giebt.

Andeutungen über die Auffassung und Darstellung des Wallenstein in Schiller's Wallenstein.

Die Rolle des Wallenstein ist jedenfalls eine der interessantesten und schwierigsten Aufgaben für die

Schauspielkunst. Man begeht aber einen großen Irrthum, wenn man meint, der **Wallenstein** Schiller's sei nur
durch **große Mittel** zu versinnlichen, und Jeder müsse
von dieser Rolle zurücktreten, der nicht im Besitz eines
wahrhaft **mächtigen Organs** sei. Nichts kann verkehrter sein. Was Wallenstein zu Wallenstein macht,
ist seine **geistige Souveränität** und Hoheit, durch welche
er seine ganze Umgebung überragt und zugleich beherrscht.
Das Wort, welches Wallenstein selbst einmal braucht: „Es
ist der Geist, der sich den Körper baut, gilt vor Allem
von ihm selbst. Aus seiner geistigen Hoheit und
Souveränität soll die Macht erklärlich sein, welche er auf
seine ganze Umgebung ausübt. Dadurch allein soll es
als etwas Natürliches erscheinen, daß Wallenstein die
Menschen nach seinen Worten, wie Steine auf einem Brette
schiebt. Diese geistige Souveränität Wallenstein's
erscheint durchgängig als das Charakteristische seiner Persönlichkeit, und soll auch in diesem Sinne überall zur Erscheinung kommen. Aus dieser geistigen Souveränität folgt auch das Selbstbewußtsein, welches ihn überall
begleitet und umleuchtet. Es kann daher gar nichts Ver-
kehrteres geben, als den Wallenstein zum Repräsentanten einer gewaltigen **Naturkraft** zu machen, welche
nur durch die glänzendste Fülle des Organs und eine
außerordentliche Kraft des Tons wirken könne.

Wallenstein hat eigentlich nur **zwei Momente** des
vollen Affectes, zu deren Versinnlichung auch bedeutende Mittel gehören. Den einen Moment bildet die
große Rede, mit welcher der, durch den plötzlichen Verrath
des Octavio Piccolomini niedergeworfene Held auf
den Hohn seiner Umgebung, welche darin ein trügerisches
Zeichen seines Vertrauens zu den Sternen sehen, im
höchsten Affect erwiedert, und welche mit den Worten anfängt:
„Die Sterne sind es nicht". Den **zweiten** Moment

entfesselten Affectes bilden die gewaltigen Worte, mit welchen
er zu den rebellisch gewordenen Truppen hinauseilt, um
dieselben durch die Gewalt seiner Persönlichkeit in das
Bette des Gehorsams zurückzubringen. Diese beiden
Stellen schließen allerdings alles Schwächliche des Tons
aus, und machen es wünschenswerth, daß der Darsteller
des Wallenstein auch über große Mittel gebiete. Außer
den beiden hier genannten Momenten aber findet sich im ganzen
Wallenstein auch nicht eine Stelle, zu welcher ein
außerordentlicher Kraftaufwand des Organs unumgänglich nothwendig wäre. Aber überall soll aus den Reden
Wallenstein's die Ueberlegenheit eines souveränen Geistes
herausstrahlen, welcher sich der ganzen Macht seiner Persönlichkeit in jedem Augenblicke völlig bewußt ist. Dahin gehört der große Monolog, welcher mit den Worten
anfängt: „Du hast's erreicht, Octavio. Dahin die
Anrede an die Cürassiere vom Regiment Pappenheim.
Dahin endlich seine Reden, durch welche er den Max Piccolomini ganz an seine Person zu fesseln trachtet.
Alle diese genannten Reden fordern den Eindruck einer
souveränen geistigen Persönlichkeit, und wollen ohne alles
declamatorische Gepränge, vor Allem aber ohne hohles
Pathos wiedergegeben sein. Wir wollen in allen diesen Reden
Wallenstein's ihm anfühlen und anhören, daß er nicht nur
als der seine ganze Umgebung beherrschende Geist erscheint, sondern zugleich auch, daß er sich der Wirkungen
bewußt ist, welche diese Reden ausüben sollen. Wallenstein kann daher nicht großartig und ruhig genug gespielt
werden, aber in jedem Augenblick soll uns die Ruhe eines
hohen selbstbewußten Geistes entgegenstrahlen, welche
nichts gemein hat mit der Ruhe eines phlegmatischen
Temperamentes. Im fünften Akt endlich sehen wir
Wallenstein von einer elegischen Stimmung beherrscht,
welche vollends jeden großen Kraftaufwand ausschließt

Nur wenn Wallenstein dieses Bild eines souveränen
Geistes in jedem Augenblicke versinnlicht, ist er im
Geiste des Dichters wiedergeboren. Ein Schauspieler
dagegen, welcher, wenn auch mit kolossalen Sprachmitteln
ausgerüstet, den Wallenstein nicht zum Abbild einer
souveränen Geistigkeit zu gestalten vermag, wird niemals den Schiller'schen Helden, sondern höchstens einen
polternden Wachtmeister wiedergeben. Nur der Geist,
welcher den Körper des Tons ganz nach seinem Willen zu
durchdringen und zu gestalten weiß, kann hier die vom Dichter
beabsichtigten Wirkungen erreichen. Allerdings gehört eine
große Modulation des Tones zur Darstellung des Wallenstein, da auch die leisesten Bewegungen seines Gemüths
uns zur Anschauung kommen sollen; aber es ist ein Wahn
zu glauben, der Wallenstein Schiller's fordere etwa die
Mittel eines Carl Moor, des weltzertrümmernden Titanen.
Die größten Wirkungen, welche Wallenstein jemals von
der Bühne herab erreicht hat und hat erreichen können, werden
immer nur darin bestehen, daß wir aus allen Reden, wie aus
der ganzen Haltung und Bewegung des Helden das
Bild einer souveränen Geistigkeit und einer über den
Verhältnissen stehenden Ruhe gewinnen.

Andeutungen und Winke für die Auffassung
und Darstellung der „Jungfrau von Orleans"
von Schiller.

Die Rolle der „Jungfrau von Orleans" war stets ein
Ziel künstlerischen Ehrgeizes für die Darstellerinnen jugendlicher Heldinnen; dies Ziel wurde noch erhöht, indem man
sich die majestätische Sprache und den hohen rhetorischen
Schwung derselben vergegenwärtigte, und zugleich die Triumphe

sich zur Anschauung brachte, welche durch diese Rolle zu
gewinnen seien. Vor Allem aber kommt es darauf an, daß
uns nicht nur eine schön declamirende Jungfrau, sondern eine
Darstellerin im Sinne des Dichters entgegentrete. Diesem
Zwecke mögen die nachfolgenden Andeutungen dienen.

Schon das Vorspiel zeichnet uns die Jungfrau mit den
festesten und sichersten Umrissen und bietet der Darstellerin
die Gelegenheit, die Gestalt in plastischer Bestimmtheit hinzu-
stellen, so daß uns dieselbe fort und fort bis zum Schlusse
begleitet. Wird dieses im Vorspiel versäumt, so kann es
nirgend wieder eingebracht werden. Wir sehen die Jungfrau
zunächst in träumerischer Abgeschiedenheit von ihrer Umgebung
unter dem Baume sitzen, und erfüllt von der Sendung, zu
welcher sie sich berufen fühlt. Erst das Eintreten des Land-
mannes mit dem Helm in der Hand und seine Erzählung
gewinnen der Jungfrau einen lebhaften Antheil ab, aus welchem
sich sogleich die gottbegabte Seherin vor uns entbindet. Wir
wollen in ihr zuerst ein inspirirtes Geschöpf hören, welches
uns die Ueberzeugung aufbringt, daß ein Dämon aus ihr
spricht und ihre Rede formt. Die Worte der Jungfrau,
besonders der große Satz, der mit den Worten beginnt: „Nichts
von Verträgen, nichts von Uebergabe", soll wie ein Berg-
strom hervordringen und uns den Eindruck einer weit über
ihr ursprüngliches Denken hinausgerissenen Persönlichkeit geben.
Ohne der Deutlichkeit Eintrag zu thun, muß die Rede in
einem rapiden Tempo wachsen, ohne jemals an eine rhetorische
Kunst zu erinnern. Die Darstellerin kann auf diese prophetische Rede nicht genug Gewicht legen, denn wir wollen
in ihr ein gottbegeistertes Wesen hören, nichts von rhetorischem
Prunk und Schönrednerei, aber ein mächtig wallender Strom
edelster Beredsamkeit. Dieselbe setzt sich bis zum Monolog
am Schluß des Vorspiels fort. In dem berühmten Monolog:
„Lebt wohl ihr Berge u. s. w.", wollen wir nun vor Allem
die einfache Hirtin vernehmen, welche, fern von allem Prunk,

uns den Schmerz der Resignation auf ein bisher durchlebtes
Glück offenbart. Mit diesem elegischen Ton wechselt die Be-
geisterung der Kriegerin ab. Mit diesem begeisterungsvollen
Ruf endet das Vorspiel.

Wir sehen die Jungfrau im Stücke zum ersten Mal in
dem Königssaal, eingeführt durch die begeisterte Menge und
den Erzbischof. Der Glaube an sie ist bereits durch einen
Sieg befestigt. Johanna befindet sich offenbar in einer erhöhten Stimmung, welche ihrer ganzen Rede die Weihe giebt.
Ein großes Gewicht hat zunächst die Darstellerin auf die Erzählung zu legen, in welcher uns Johanna ihre Mission
erklärt und darlegt. Die ganze Erzählung muß den Ton der
Wahrheit und tiefsten Ueberzeugung an sich tragen. Auf die
Anwesenden soll diese Erzählung den Eindruck innerster Wahrheit machen und Alle von der Göttlichkeit ihrer Mission
erfüllen.

Die begeisterte Stimmung der Jungfrau setzt sich in den
nächsten Scenen fort, und feiert namentlich in der Bekehrung
des Herzogs von Burgund ihren höchsten Triumph. Im dritten
Akt bildet das Zusammentreffen der Jungfrau mit Lyonel die
eigentliche Katastrophe; auf sie hat die Darstellerin das höchste
Gewicht zu legen. Die Situation ist diese: Lyonel erwartet
zu Boden gestreckt den Todesstoß durch die Jungfrau, da trifft
sie der Strahl seines Auges und schmilzt ihren Vorsatz. Sie
gebietet nun Lyonel zu fliehen, um sich nicht mit seinem Blute
zu beflecken. Während in „Romeo und Julia" das lebendige
Wort die Geburtsstätte der Leidenschaft ist, so übernimmt offenbar in der Jungfrau der Blick diese Rolle des Worts. Johanna
fühlt sich durch den Blick Lyonel's elektrisch berührt. Sie
fühlt sich durch denselben sogleich zu einer Leidenschaft für
den schönen Jüngling bewegt, als auch zugleich von dem Schuldbewußtsein ergriffen, ihrer göttlichen Mission untreu geworden
zu sein. Beides hat uns die Darstellung zu zeigen. Wir
wollen sowohl das von Liebesleiden, als vom Schuldbewußtsein

ergriffene Weib vor uns sehen. Johanna steht einen Augenblick wie vernichtet da, sie erzittert, und willenlos läßt sie
das Schwert ihren Händen entreißen. Aber dies zermalmende
Schuldbewußtsein hat auch ihre Kräfte aufgezehrt, sie vermag
sich nicht mehr aufrecht zu erhalten, sondern bricht zusammen.

Der große Monolog vor der Krönung zeigt uns die Johanna
gebrochen, und gleichsam gespalten in das Gefühl der Begeisterung, endlich in der bevorstehenden Krönung des Königs
das Ziel ihrer Aufgabe erreicht zu haben, und in der Empfindung,
durch die Liebe ihrer göttlichen Sendung untreu geworden zu
sein. Von diesen beiden Empfindungen ist der ganze Monolog
getragen; Johanna ist dadurch im tiefsten Innern erschüttert
und macht ihrem zermalmenden Schuldbewußtsein zunächst in
der Rede Luft, welche sie an die Fahne richtet, welche ihr zur
Tragung angeboten wird. Diese trägt das Bild der Mutter
Gottes an sich, und dieser Anblick drückt zugleich die Jungfrau
nieder, weil dieses Bild ihr ganz besonders ihr Schuldbewußtsein
vor die Seele bringt; dadurch ist Johanna völlig in sich gebrochen! So erscheint sie uns in dem Krönungszuge; ihr
zitternder Gang und ihre ganze Haltung verrathen das gebrochene Weib, welches vom Gefühle ihrer Schuld durchwühlt
wird. Aus der Kirche zurückgekehrt, nähert sich ihr der Vater,
der alte Thibaut, sie in den heftigsten Ausdrücken der Verbindung mit dem Satan anklagend. Johanna setzt dieser furchtbaren Anklage nur dumpfes Schweigen entgegen, worin sie
auch beharrt, obgleich sie alle Anwesenden beschwören, nur ein
Wort zu ihrer Rechtfertigung zu sprechen. Johanna verharrt
dem Vater gegenüber in diesem Schweigen offenbar darum,
weil sie, im Gefühl ihrer Schuld, den ganzen Umfang des
väterlichen Zornes als Strafe ihrer Schuld auf sich zu nehmen
entschlossen ist. Da sie bei ihrem Stillschweigen verharrt, so
trennen sich zuletzt die Anwesenden, welche nur auf ein Wort
ihrer Vertheidigung gehofft hatten, von ihr, und lassen sie in
ihrer furchtbaren Einsamkeit zurück. Dadurch aber, daß Johanna

der furchtbaren Anklage des Vaters gegenüber sich schweigend verhalten, hat sie auch den ganzen Umfang der Strafe für ihre Schuld auf sich genommen, sich aber dadurch zugleich innerlich gereinigt und gesühnt. Der letzte Akt zeigt uns in der, bei der Königin Isabeau gefangenen Jungfrau die innerlich befreite und gereinigte Johanna wieder, welche sich auch wieder in das Reich göttlicher Gnade aufgenommen fühlt. Der Moment, wo nach brünstigem Gebet die Ketten plötzlich von der Jungfrau fallen, und sie zur Rettung hinauseilt, bethätigt uns ihre vollständige innere Erlösung. Es ist durchaus nicht nöthig, daß jenes berühmte Gebet, an dessen Schluß die Ketten abfallen, mit einem ungeheuern Aufwand von Kraft gesprochen werde, es sind vielmehr Töne der verzweifelten Seele, welche an uns dringen, und die fieberhafte Angst der Johanna verrathen.

Die letzte Scene bietet keine Schwierigkeit dar. Nur der Tod muß von der Darstellerin der Johanna als Verklärung aufgefaßt und dargestellt werden. Man muß der letzten Rede der Johanna anhören, daß sie sich von den Banden des Leibes gelöst fühlt und in dieser Lösung das Vorgefühl der Seligkeit empfindet, in den Schooß der göttlichen Gnade aufgenommen zu sein. Wir wollen in der letzten Rede nicht sowohl eine Sterbende, als vielmehr eine von den Banden des Leibes Erlöste sehen. Wir wollen hier durchaus nicht an die Gebrechlichkeit des Irdischen erinnert werden, sondern nur die Verklärung der Persönlichkeit anschauen.

Die Persönlichkeit und die Darstellung der Lady Milford in Schiller's „Kabale und Liebe".

Die Lady Milford ist die erste weibliche Persönlichkeit von wahrhaft dramatischem Interesse, welche Schiller geschaffen hat.

Seine Amalie in den Räubern war ein excentrisches Weib,
ohne Maaß und Haltung. In Lady Milford stellt sich dagegen
der Dichter auf den Boden der Wirklichkeit, und schafft eine
in jeder Beziehung interessante Gestalt, welche von jeher von
bedeutenden Schauspielerinnen mit besonderer Vorliebe dar=
gestellt worden ist.

Lady Milford hat sich zwar dem Fürsten als Geliebte
hingegeben, hat aber dennoch, trotz dieser Erniedrigung, den
Adel des Gemüths nicht eingebüßt. Dies beweist sie dadurch,
daß sie sich sehnt, ihr Verhältniß zum Fürsten aufzugeben, und
in eine Ehe mit einem geliebten Manne zu treten. Sie hat
es durch ihre Schlauheit dahin gebracht, daß man ihr selbst
den von ihr geliebten Mann, den Major „Ferdinand von Walter“,
wirklich als Gatten geben will. An der Seite dieses Mannes
will sie fortan in stiller Zurückgezogenheit leben und ihn wirklich
glücklich machen. Ferdinand von Walter tritt ihr, nur auf
Befehl seines Vaters, gegenüber, und erklärt ihr ganz unum=
wunden seinen moralischen Widerwillen, sie zu heirathen. Da
es der Lady Ernst damit ist, sowohl aus ihrem Verhältniß
zum Fürsten zu scheiden, als den Major von Walter zu be=
glücken, so erzählt sie diesem in ihrer ersten Unterredung mit
demselben, die Geschichte ihrer Vergangenheit mit der edelsten
Offenheit. Der Major wird durch diese Erzählung tief er=
griffen, und würde in ein Verhältniß zur Lady eingehen, wenn
ihm seine Leidenschaft zu Louise Miller nicht davon abhielte.
Die Erzählung der Lady ist ein Meisterstück, wahr, offen und
prunklos, nur dazu gemacht, um sich vor dem Major zu rei=
nigen und ihn zu überzeugen, daß ihr edler Kern noch un=
angetastet geblieben sei. Diese ganze Scene der Lady ist für
eine begabte Schauspielerin eine der interessantesten Aufgaben.
Hier einige Andeutungen über ihre Darstellung.

Beim Beginn des Aktes sehen wir die Lady in großer
Unruhe und Aufregung, weil sie den Besuch des von ihr be=
reits geliebten Major von Walter erwartet, und sich nicht

verhehlt, daß derselbe sich nicht übereilen werde, ihr seine Hand zu reichen.

Die große Aufregung der Lady kann nicht entschieden genug dargestellt werden, denn sie soll uns ihren Gemüthszustand malen und zugleich der ganzen folgenden Unterredung mit dem Major zur Folie dienen.

Die Lady empfängt den Major, vor innerer Bewegung zitternd, und sammelt sich erst allmählig zu einer etwas ruhigeren Haltung. Diese Anstrengung, sich zu sammeln, wollen wir der Lady auf das bestimmteste anfühlen. Auch während der Erzählung wollen wir sowohl aus der Stimme, als aus dem Ausdruck, welchen die Erzählung in ihrem Munde annimmt, heraushören, welche große Bewegung in ihrem Gemüthe vorgeht. Die Wirkung wird um so größer sein, je mehr man ihr in der Erzählung die Anstrengung anfühlt, die es ihr kostet, sich zu einer ruhigen Mittheilung zu sammeln. Erst nach der Erzählung wird man aus ihrem Erguß gegen „Ferdinand" heraushören müssen, welche Leidenschaft in ihrem Busen glüht. Während ihr „Ferdinand" das Geständniß seiner Liebe zu Louisen macht, müssen wir ihr die Leiden der Seele anfühlen, die sie dabei durchlebt. Aus ihrer letzten Erwiderung, mit welcher sie von Ferdinand scheidet, soll der Ton des in ihrem Stolze tief gekränkten Weibes sprechen. Je mehr man in dieser ganzen Scene der Lady den ungeheuren Kampf anfühlt, sich zu sammeln und zu beherrschen, desto wirkungsvoller wird die Darstellerin diese Scene spielen. Der Kampf der Salondame mit der natürlichen Erregtheit des Weibes fordert eben so viel Intelligenz als künstlerische Begabung. Weiß die Darstellerin uns nicht ganz in diesen Kampf einzuführen, so wird sie stets hinter dem Bilde des Dichters zurückbleiben und nur eine schwache Wirkung hervorbringen.

Im vierten Akt sehen wir die Lady der Louise, der Geliebten Ferdinands, gegenüber. In dieser Scene schlägt die Lady alle Töne, von der rührendsten Bitte bis zum flam-

menden Zorn an. Diese ganze Gefühlsskala muß auch in der
Darstellung zum entsprechenden Ausdruck kommen. Louise entfernt sich und hinterläßt der Lady die Aussicht, daß sie bald
durch Selbstmord ihr Leben enden werde. Die Lady bleibt
allein zurück, und nun beginnt der weibliche Stolz in seiner
ganzen Macht sich ihrer zu bemächtigen. Sie will an Größe
der Louise nicht weichen. Sie erarbeitet sich in der Tiefe ihres
Bewußtseins den Entschluß, freiwillig von dem Fürsten zu
scheiden und in Armuth nach Loretto zu pilgern. Diese Resignation kann nicht groß und erhaben genug dargestellt werden,
denn wir wollen sowohl in ihrem Selbstgespräch als in dem
Abschied von ihrer Bedienung das sittlich erhobene Weib vor
uns sehen, welches, innerlich frei geworden, den von ihr ver-
achteten Hofmarschall mit dem bittersten Hohn behandelt. Je
größer die Lady diese innere Erhebung darstellt, desto mehr
spielt sie im Geist des Dichters. Dem Zuschauer aber soll
die Lady das Bild einer Natur offenbaren, in welcher der
sittliche Geist sich völlig zum Herrn über ihr sündhaftes Bewußtsein gemacht hat.

Je reiner und edler die Lady diese Erhebung darstellt, um
desto großartiger wird das Bild sein, welches sie dem Zuschauer
hinterläßt.

Der Kammerdiener in Schiller's Kabale und Liebe. (Akt II.)

Es gewährt nicht selten ein großes Interesse, auch untergeordnete Rollen eines Schauspiels durch Würdigung
ihrer Bedeutung in ein helles Licht zu stellen und dadurch
dem Darsteller solcher Rollen förderlich zu werden.
Zum Nachweis des Gesagten wählen wir die im Organismus
des Werkes gewiß untergeordnete Rolle des Kammerdieners

in Schiller's Kabale und Liebe. Obgleich derselbe nur
in einer einzigen Scene erscheint, so darf sich doch selbst
ein großer Schauspieler nicht schämen, diese Rolle zu
spielen. Der Kammerdiener, in reifem Mannesalter, kommt
zur Lady Milford und überbringt derselben ein Kästchen
mit Juwelen, als ein Geschenk des Fürsten. Seine Haltung
ist durch Leiden bereits etwas gebeugt, sein Antlitz verräth
einen Schmerzenszug und zeigt uns noch den Ausdruck einer
großen Gemüthsbewegung. Diese wird sich sogleich in
der ersten Rede verrathen, mit welcher er der Lady das Kästchen
übergiebt. Nachdem schon die ersten Worte die tiefe Erschütterung des Gemüthes verrathen haben, vollendet die
Erzählung selbst das Bild. Diese Erzählung enthüllt uns
das grauenhafte Bild socialer Zustände, in welchen die
Willkür allein regiert und gegen die Launen des Fürsten
Alles rechtlos erscheint. Wir vernehmen die Thatsache des
schmählichen Verkaufs von Landeskindern nach Amerika,
wie die Gräuel, welche sich bei ihrem Abgange dabei ereignet
haben.

Der Kammerdiener muß die Erzählung dieser Vor-
gänge, bei welchen er selbst so sehr betheiligt ist, mit tiefer
Erschütterung sprechen und dadurch auf die Zuhörer wirken;
nicht sentimental, oder gar weinerlich, sondern mit Groll
und Erbitterung erfüllter Seele. Man wird die Lady
selbst davon tief bewegt sehen. Das Geldgeschenk, welches
sie dem Kammerdiener nach beendigter Erzählung reicht, legt
er mit Bitterkeit und Verachtung zugleich, mit den Worten:
„Legt's zu dem Uebrigen" auf den Tisch nieder. Aus
diesen Worten wollen wir den verletzten Stolz und die gereizte
Stimmung eines tief beleidigten Gemüthes heraushören. Nach
diesen Worten verläßt uns der Kammerdiener. Wird derselbe
im Sinne des Dichters gespielt, so wird uns diese Gestalt
fort und fort begleiten als Zeugniß der unwürdigen socialen
Zustände, welche uns das Stück vorführt, und welche in diesem

Zeitalter herrschen. Die Erzählung des Kammerdieners von der rohen Gewalt, welche sich beim Abzug der unglücklichen Opfer geltend machte, kann künstlerisch sehr ausgearbeitet werden und soll den Zuhörer erschüttern. Sie muß in großen Zügen und mit dem Ausdruck großer Erbitterung die brutale Gewalt malen, welche sich bei dieser Scene hervorgethan hat. Man muß es dem Kammerdiener anfühlen, daß sein Herz voll ist von dem Erlebten und daß er, sonst zu schweigendem Gehorsam verurtheilt, zur Rede greift, um, selbst wenn ihm daraus ein Nachtheil erwachsen sollte, seinen Grimm über die erlebte Schmach auszusprechen. Vor Allem soll der Kammerdiener im Ausdruck seines Schmerzes wahr sein, ohne Uebertreibung und Affektation, denn wir wollen glauben, daß selbst die Lady davon ergriffen ist. Wir hören in der Erzählung des Kammerdieners eine Stimme aus dem Volk und können es begreifen, wie sich die Erbitterung des so lange geknechteten Volks endlich in Gewaltthat Luft macht. Aus der ganzen Haltung, wie aus dem Vortrage der Erzählung muß eine edle Nation zu uns sprechen, welche das Erlebte noch tiefer empfindet, als sie direct in das Wort fassen kann. Je edler die Erzählung vorgetragen wird, je mehr Accente der Seele sie uns bietet, desto mehr ist sie im Sinne des Dichters und der Situation.

Wie muß der berühmte Monolog in Schiller's Tell (am Schluß des vierten Aktes) aufgefaßt und behandelt werden?

Sehr häufig wird der berühmte Monolog des Tell nur als Declamations-Stück behandelt, so daß die Situation, aus welcher er erwachsen ist, dabei gänzlich vernichtet

wird. Nichts kann verkehrter sein. Der Monolog ist nur
dann wahrhaft dichterisch und künstlerisch, wenn er als
Ausdruck der Stimmung behandelt wird. Hier einige Andeutungen darüber. Tell tritt offenbar raschen Schrittes auf,
indem er sich theils forschend, theils schüchtern nach allen Seiten
umsieht. Seine Seele hat auf dem ganzen Wege heftig
gearbeitet. Der Gedanke, Geßler zu tödten, ist bei ihm
zum Entschlusse gereift. Diese große Gemüthsbewegung muß man ihm schon bei seinem Eintritt anfühlen. Schon die ersten Verse, in welchen er uns das
Terrain näher bezeichnet, von welchem aus das tödtliche
Geschoß auf Geßler gerichtet werden soll, müssen diese innere
Arbeit seines Gemüthes und seine fieberhafte Aufregung
verrathen. Er spricht daher die ersten Verse in raschem
Tempo, von kurzen Pausen unterbrochen, in welchen
sich besonders seine innere Aufregung zeigt. Ein lang-
sames Tempo würde die ganze Situation vernichten! Nachdem er nun zunächst in fieberhafter Hast die ersten Verse
gesprochen, wechseln während des Monologes die Momente
schmerzlicher Erinnerung an den ihm auferlegten Frevel,
auf das Haupt des Kindes anzulegen, und der Rachelust,
den Geßler zu verrichten, ab. Man kann daher sagen, daß
der Monolog wesentlich von einem elegischen und einem
dramatischen Element durchzogen und getragen wird. Das
erstere ist bedingt durch die schmerzliche Erinnerung an die
furchtbare Situation, das letztere durch den in immer
durchdringenderen Tönen in ihm ausbrechenden Racheruf.
Nichts kann daher dem Monolog in seiner Recitation
verderblicher werden als eine Dehnung der Rede, weil
sie uns geradezu um den Einblick in das Gemüth und
die Kämpfe Tell's bringt. Der Darsteller wird also
zwischen den beiden Elementen, dem elegischen und
dämonischen, rasch abwechseln, im Ausdruck des ersteren zuweilen bis zur Rührung, und zur zitternden

Thräne, im Ausdruck des Dämonischen bis zum Furchtbaren
fortgehen.

Worin liegt die große Schwierigkeit für die Darstellung des Mephistopheles in Goethe's Faust?

Wir dürfen wohl keinen Widerspruch erwarten, wenn wir
behaupten, daß noch kein Darsteller des Mephistopheles, auch
Seydelmann nicht ausgenommen, sich die unbedingte Anerkennung in dieser Rolle erworben hat. Worin liegt das? Der
große, geniale Wurf, welchen Goethe mit dem Mephistopheles
gethan hat, beruht wesentlich darauf, daß er uns sowohl den
Teufel der Volkssage, als den alles Ideale verspottenden
Schalk zur Anschauung gebracht hat. Was folgt daraus für
die Darstellung des Mephistopheles? Dieselbe soll an
Vielseitigkeit mit der dichterischen Schöpfung wetteifern, d. h.
sie soll uns sowohl den Teufel der Volkssage, als den Alles
verspottenden Schalk zur Anschauung bringen. Man wird
zugeben, daß dazu eine Welt von Tönen gehört, um diese
wunderbare Schöpfung zu versinnlichen. In der ersten Scene
wollen wir im Mephistopheles dem Faust gegenüber sowohl den
Vertreter des selbstbewußten Bösen vor uns sehen, als durch
den Grimm des Mephistopheles vernehmen, daß er nur das
einzelne, niemals aber das allgemeine Leben vernichten kann.
Dagegen soll uns Mephistopheles in seinem Verhältniß zu
Martha den spottenden Schalk und den ironischen Teufel
zeigen; zornig ist Mephistopheles fast niemals, nur einmal in
der Hexenküche, während Spott und Hohn fortwährend auf
seinen Lippen stehen. Es heißt den Mephistopheles herabsetzen,
wenn sich ein Darsteller verleiten läßt, ihn auch nur in einer
einzigen Scene als Spaßmacher zu zeigen, dies ist der Dichtung
völlig unwürdig. Denn selbst in den Scenen mit der

Martha wollen wir den kauſtiſchen Ton noch hören, der
Mephiſtopheles überall begleiten muß. Freilich iſt die erſte
Bedingung zur künſtleriſchen Darſtellung dieſer Geſtalt, daß
der Schauſpieler auch für alle Einzelnheiten dieſer Rolle das
vollſte Verſtändniß habe, etwas, was man bei der Bildung
unſerer heutigen Schauſpieler nicht immer erwarten kann.
Hohn, Spott, Sarkasmus müſſen dem Mephiſtopheles unabläſſig zu Gebote ſtehen. Jeder harmloſe Ton zerſtört augenblicklich dieſe Geſtalt. Dieſen Ton aber in allen ſeinen
Nüancen durch die ganze Rolle hindurch feſtzuhalten, iſt das
große Geheimniß für die Darſtellung und bildet ihre unendlichen Schwierigkeiten.

Wie muß die kranke Marie Beaumarchais in Goethe's Clavigo auf der Bühne dargeſtellt werden?

Keine Rolle verleitet vielleicht ſo ſehr dazu, die Bühne
zu einem Lazarethe zu machen, als die kranke Marie Beaumarchais in Goethe's Clavigo. Wir haben dieſe Rolle einſt
von einer berühmten Schauſpielerin, Fräulein Char-
lotte v. Hagen ſo ſpielen ſehen, daß wir uns, ihr gegenüber, eher in einem Lazareth, als in einem Tempel der
Kunſt zu befinden glaubten. So ſehr trug dieſe Künſtlerin
alle Symptome der Schwindſucht zur Schau!

Der Schauſpieler aber ſoll niemals vergeſſen, daß
er es nur mit dem ſchönen Schein, nicht aber mit der
nackten Naturwahrheit zu thun hat, dies darf auch die
Darſtellerin der kranken Marie Beaumarchais niemals außer Acht laſſen. Sie darf alſo nicht ſo weit gehen,
uns durch ein die Rede unabläſſig unterbrechendes
Huſten, wie dies Frl. v. Hagen that, an die Schwindſucht

zu mahnen, welcher Marie erliegt. Allerdings soll uns die Darstellerin der Marie Beaumarchais dieselbe als sehr krank erscheinen lassen, aber in der Darstellung der Gebrechlichkeit der menschlichen Natur nicht unschön und unkünstlerisch werden.

Vor Allem wollen wir in Marie Beaumarchais ein tiefverwundetes Gemüth sehen. Das körperliche Leiden soll dagegen nur als etwas Sekundäres erscheinen. Marie soll uns also durch ihr Leiden Mitleid und Theilnahme einflößen, nicht aber in die Krankenstube bannen. Je mehr Marie das Seelenleiden herauskehrt, desto künstlerischer wird sie im Geiste der Rolle wirken.

Wie müssen sich Egmont und Alba in Goethe's Egmont gegenseitig abschatten, um zu ihrer vollen dramatischen Wirkung zu gelangen?

Wir haben in diesen beiden Männern einen großen geschichtlichen Gegensatz vor uns, welcher auch in der Darstellung zu seinem vollen Rechte kommen muß. In Egmont soll eine liebenswürdige Persönlichkeit vor uns stehen, Zutrauen erweckend, ohne Hinterhalt, während wir in Alba das Bild eines düstern Despotismus vor uns sehen wollen. Egmont ist nur davon erfüllt, seinem Volke die Rechte und Privilegien, in deren Besitz es ist, ungeschmälert zu erhalten, Alba dagegen kennt nur den Willen seines Herrschers als höchstes Gesetz und sieht in jeder Opposition nur einen Akt der Empörung, welcher blutig unterdrückt werden muß. Diesen Gegensatz sollen uns die beiden Gestalten Egmont und Alba, in Ton, Haltung, Geberde, wie im Tempo der Rede versinnlichen. Egmont's Antlitz soll uns die edelste Offenheit zeigen, während aus Alba's Antlitz düstere Verschlossenheit

spricht. Schon das Tempo der Rede beider Männer hat
diesen Gegensatz wiederzugeben. In Egmont's Rede kündigt sich ein leichtes Temperament an, welches die Dinge und
die Verhältnisse nicht schwer nimmt; Alba ergeht sich dagegen
in einer unheimlichen Ruhe, welche Verderben verkündigt.
Es ist daher sehr natürlich, daß, während Egmont im
Laufe der Unterredung feuriger und lebhafter wird, Alba
dagegen in düsterer Unheimlichkeit wächst. Nur einzelne un-
heimliche Accente in der Rede Alba's werden uns das Verhängniß ahnen lassen, welches über Egmont's Haupte
schwebt. Nur wenn die hier angedeuteten historischen Gegensätze ganz zur Erscheinung kommen, gewinnt der Zuhörer aus
dieser berühmten und klassischen Unterredung zwischen Egmont
und Alba das Bild, daß nicht Privatpersonen mit einander
streiten, sondern daß große historische Persönlichkeiten mit einander ringen. Je mehr sich dieser Eindruck der Seele des
Zuhörers einprägt, desto dichterischer und künstlerischer
wirkt diese mächtige Unterredung im Sinne des Dichters, wie
der ganzen Situation.

Ist Brackenburg in Goethe's Egmont wirklich eine so undankbare Rolle?

Die Undankbarkeit des **Brackenburg** im Egmont
ist fast zu einem Dogma in der Schauspielerwelt geworden.
Die Folge ist, daß sich begabte Darsteller von der Uebernahme
dieser Rolle stets scheu zurückziehen. Brackenburg wird
meist sehr mittelmäßigen und talentlosen Schauspielern überlassen. Freilich entbehrt derselbe als ein verschmähter Lieb-
haber des Glanzes, von welchem Egmont umstrahlt ist. Ist
er aber deshalb entschieden undankbar? Der Darsteller
muß dem Brackenburg nur die rechte Seite abgewinnen,

um ihn von dem Vorwurfe absoluter Undankbarkeit zu befreien. Durch die ganze Darstellung des Brackenburg muß ein Zug tiefen, unendlichen Schmerzes hindurchgehen. Dieser Schmerz muß Brackenburg weihen und poetisch machen. Er muß daher die Nichterwiderung seiner Liebe als ein tragisches Geschick auffassen. Nur dadurch kann Brackenburg in der Darstellung poetisch wirken. Er muß also von der Poesie des Schmerzes getragen werden. Der Zuschauer muß daran den lebendigsten Antheil nehmen und es bedauern, daß Brackenburg's heiße Liebe durch Egmont verdunkelt worden ist. Er muß dem Zuschauer innige Theilnahme einflößen. Mehr kann und soll Brackenburg nicht erreichen. Mit der gewöhnlichen schablonenhaften Sentimentalität ist es aber hier nicht gethan. Brackenburg muß in Trauer und Schmerz versenkt erscheinen; er muß sein Geschick als ein unabwendbares empfinden. Der Schmerz muß zu ihm gehören: Haltung und Ton müssen gleichmäßig dazu zusammenwirken, uns den tiefen, in das Mark des Lebens eingedrungenen Schmerz Brackenburg's zu versinnlichen. Der Zuschauer soll freilich Bracken- burg's Schicksal, Egmont gegenüber, begreiflich finden; er darf ihm aber doch niemals die schmerzlichste Theilnahme versagen.

Die große Bedeutung des Prologs im Himmel für die ganze Faust-Tragödie.

Goethe hat bekanntlich den Prolog im Himmel längere Zeit nachher gedichtet, nachdem das Fragment des ersten Theiles der Tragödie schon erschienen war. Die Wurzeln der Conzeption zu Faust reichen bis zum Jahr 1773, wo ihn auch der gewaltige Stoff des Prometheus ergriff. Der aus- führliche Plan zu einer weiteren Ausarbeitung des Faust ge-

wann im Februar 1788 seine Reise. Die Scene der Hexen=
küche unter Anderem zu Rom im Garten Borghese aus=
geführt (vgl. Eckermann's Gespräche mit Goethe Th. 2 pag.
134). Das Fragment Faust in seiner ersten Gestalt war
indessen bereits 1786 im Druck erschienen. Aber die Fauft=
idee und die weitere Gestaltung des Stoffes ließ ihn nicht
ruhen. Der Dichter kommt wieder auf denselben zurück.
So entsteht nach der 1797 wieder sehr ernstlich aufgenomme=
nen Arbeit des Faust zunächst der Entwurf Oberon's und
Titania's goldene Hochzeit, der ursprünglich für den
von Schiller herausgegebenen Musenalmanach von 1798 be=
stimmt war. Manche Gründe, welche auch Goethe billigte,
bestimmten indessen Schiller, die Mittheilung noch hinaus=
zuschieben. Der Entwurf war indessen bedeutend vervoll=
ständigt und nun erst demselben seine Stelle im Faust an=
gewiesen. In demselben Jahre wurden auch die Zueignung
und der Prolog im Himmel abgefaßt. Während Obe=
ron's und Titania's goldene Hochzeit ursprünglich
nicht für den Faust bestimmt war und erst später dem Gedicht
einverleibt wurde, daher diese ganze Scene auch nur den
Charakter einer Episode hat, so kündigt sich der Prolog
im Himmel sogleich als zum Organismus der Tragödie
gehörig an. Diese Scene ist offenbar aus dem tiefen Be=
dürfniß des Dichters erwachsen, die Fäden der Tragödie zu
ihrem Ursprung zurückzuführen, und dem Leser die Aussicht
auf die Verknüpfung des endlichen Abschlusses mit dem An=
fang zu eröffnen. Je länger sich Goethe mit der Faust=
idee beschäftigt hatte, je tiefer war er davon durchdrungen,
daß Faust nicht untergehen könne, daß in ihm, dem
Repräsentanten der strebenden, nach Versöhnung ringen=
den Menschheit, die Elemente der Rettung liegen. Das
erste Fragment hatte Faust dem Mephistopheles unter=
liegend gezeigt. Hier hatte Mephistopheles triumphirt. Nur
Gretchen war frei geworden, aber das erlöste Gretchen hatte

sich von dem Geliebten mit dem Gefühl seiner Verdammniß getrennt. Die Kluft zwischen Beiden war eine unendliche geworden. Goethe war, wie sich auch aus Zeugnissen nachweisen läßt, schon sehr früh von der Nothwendigkeit ergriffen, den Faust aus der inneren Zerstörung, der Verzweiflung, zur Einheit mit sich zu führen und den bis zur Wurzel des menschlichen Geistes zurückgeführten Kampf des Faust mit einem endlichen Sieg zu krönen, d. h. die aus der Tiefe des Zwiespalts und des Gegensatzes durch eigene Kraft sich frei machende und erlösende Menschheit darzustellen. Mit dem ersten Theil des Faust war daher schon in des Dichters Geist sehr frühe der Gedanke eines zweiten Theils gefaßt, der natürlich nur den aus den Banden des Mephistopheles sich befreienden Faust darstellen konnte. Dieser Gedanke, auf eine endliche Versöhnung der göttlichen und menschlichen Natur, und so auf einen inneren Abschluß der Tragödie hinzuweisen, trieb den Dichter zu seiner Schöpfung des Prologs im Himmel. Hier wird daher die endliche Erlösung des Faust mit Gewißheit in Aussicht gestellt und damit der Gegensatz des absolut Guten und absolut Bösen seiner ewigen Bedeutung nach aufgefaßt.

Der Schauplatz dieser Schürzung des ersten Knotens, aus dem sich aller Kampf und Zwiespalt dann entwickelt, konnte im Gedicht nur der Himmel sein, der Boden der gegensatzlosen Einheit, welche den Kampf, den Widerspruch und die Entzweiung noch in sich verschlossen hält. Denn die Erde ist die eigentliche Stätte des Kampfes und Gegensatzes. Im Himmel kann dieser Kampf daher nur als ein auf der Erde unausbleiblicher vorgestellt werden, dessen Ausgang der göttliche Geist mit unbedingter Zuversicht entgegensieht. Goethe hat diese Aufgabe als ein großer Dichter dadurch gelöst, daß er von seiner Darstellung jedes nur allegorische und daher abstracte Gewand entfernt, und das metaphysische Problem in völlig sinnlicher Klarheit hingestellt hat. Dadurch ist dieser später hinzugedichtete Prolog im Himmel ganz aus einem Gusse mit dem Geist des ersten Fragments, dessen dichterische Größe und welterobernde Kraft darin beruht, daß der tiefste rhetorische Kampf des menschlichen Geistes ganz und gar als der Ausdruck der durchgefühltesten Stimmung, als individuelles Erlebniß einer großen Persönlichkeit auf uns eindringt.

Der Prolog im Himmel ist in seiner Einkleidung durchaus anthropomorphistisch. Dadurch gewann der Dichter die Möglichkeit, den abstrakten Mächten einen sinnlichen Leib zu geben, ohne ihnen ihre Würde und Bedeutung zu rauben. Das Ganze trägt daher einen mythischen Charakter an sich. Der Dichter hat die alttestamentliche Form gewählt, und namentlich die Annäherung des Mephistopheles an den Gottesthron dem Erscheinen des Satans im Buche Hiob nachgebildet, wie „unter den Kindern Gottes auch Satanas erscheint und von dem höchsten Throne die Macht erhält, durch alle Qualen den getreuen Knecht Hiob zur Lästerung zu reizen." Goethe spricht sich darüber gegen Eckermann (Gespräch 1, 192) dahin aus, daß, wenn die Exposition seines Faust auch einige Aehnlichkeit mit der des Hiob hat, dies doch ganz recht sei, und er eher deshalb zu loben, als zu tadeln sei. Und mit vollen Recht. Denn es kommt in allen künstlerischen Compositionen immer darauf an, ob das Benutzte, gleichviel ob aus dem Leben, oder einem Buche gegriffen, an rechter Stelle wirksam gebraucht worden ist. Wer reich ist, verschmäht daher im Bewußtsein seines Reichthums eine solche Entlehnung durchaus nicht, und zieht sie einer originellen Erfindung vor, welche der Kraft und Bedeutsamkeit der Ersteren nachstehen würde. Das Zeugniß der ächt künstlerischen Verwendung und Benutzung des Entlehnten liegt allein darin, daß wir dabei gar nicht mehr an die Quelle erinnert werden, aus der es strömt, sondern daß es uns den Eindruck der Wahrheit und Ursprünglichkeit macht. Dies wird aber immer dann der Fall sein, wenn die Entlehnung mit der Kraft der Nothwendigkeit auf uns einwirkt und uns in ihren Kreis hineinbannt.

Fassen wir nun das Verhältniß der im Prolog erscheinenden Personen in's Auge. Es sind drei: der Herr, die himmlischen Heerschaaren, und Mephistopheles, der als Schalk unter dem Hofgesinde auftritt und nach Art mittelalterlicher Hofnarren die Freiheit hat, die Wahrheit selbst dem Herrn gegenüber rücksichtslos zu sagen. Wir fassen zunächst die Bedeutung der Engel in dieser Scene auf. Sie sind noch nirgends richtig gewürdigt worden und doch ist ihre künstlerische Behandlung eben so poetisch als tiefsinnig. Was repräsentiren sie im Himmel? Wie verhalten sie sich zum Herrn, wie zu Mephistopheles, dem gefallenen Engel? Die Engel preisen des Herrn Größe; sie leben überhaupt in seinem Anschauen und werden, wenn wir uns die kirchliche Vorstellung derselben vergegenwärtigen, als Wesen gedacht, welche unmittelbar, d. h. kampflos, gegensatzlos in Gott leben, und somit ein Abglanz seiner Herrlichkeit sind. Sollten sie nun poetisch gefaßt und mit der religiösen Vorstellung in Einklang gebracht werden, so konnten sie, der Individualität oder concreten Persönlichkeit entbehrende Wesen, auch nur zu Verherrlichern der Größe und Macht des Herrn gemacht werden. Indem sie sich darauf beschränken, Gott zu preisen, zeigen sie sich ganz an und in Gott aufgegeben, doch ohne eigenthümliches individuelles Leben. Aber es ist auch höchst bedeutsam, daß die Erzengel im Prolog nur Gott als Schöpfer der Natur, oder den Herrn, den Naturgeist preisen; sein Walten in der Natur, die unbegreiflich hohen Werke desselben sind der Gegenstand ihrer Lobpreisungen. Die Pracht der Sonne, die Bewegung der Erde und die elementarischen Prozesse sind der Inhalt ihrer Verherrlichung Gottes. Da die Engel kampf- und gegensatzlos in Gott leben, also unmittelbar an dem göttlichen Leben Theil haben, nicht durch die Freiheit des Willens wiedergeborene Geister sind, welche sich durch Kampf und durch die Macht des Bösen hindurch die Einheit mit Gott errungen haben, so vermögen sie auch nicht Gott, als freien Geist, in seiner unendlichen Selbstbestimmung, d. h. als bewußte Einheit der Freiheit und Nothwendigkeit zu preisen. Sie leben in unbefangener Einheit mit Gott und daher gehört ihnen nur Gott als Schöpfer der unwandelbaren Naturgesetze an, nicht als Gott, der sich in der Vernunft und ihrer Entwickelung, d. h. in der freien Bewegung des menschlichen Geistes offenbart. Nur der freie, aus der unmittelbaren Einheit mit Gott herausgetretene Mensch, der zum Zwiespalt und Gegensatz in sich fortgegangen, sich mit selbstbewußter Kraft siegreich aus demselben erhöht, nur der kann Gott wahrhaft als Geist in seiner unendlichen Selbstbestimmung und Bewegung verherrlichen. Für die Engel im gegensatzlosen Himmel ist Gott daher nur der Herr der Heerschaaren, die in unwandel= barer Ehrfurcht an ihm hängen und ihm gehorchen, ohne in diesem Gottesdienste einen bösen Willen überwinden zu dürfen. Der Himmel ist daher noch nicht die eigentliche Stätte Gottes, weil sich hier die Tiefe seines Wesens nicht ganz aufschließen kann, sondern die Erde, der Boden der freien Entwickelung der Vernunft, wo sich Gott durch den unabläfsig sich erzeugenden und wieder aufhebenden Gegensatz erst in seiner reinsten Wesenheit als freier Geist hervor= bringt. Der Prolog im Himmel weist uns daher mit Recht auf die Erde hin, wo der Kampf geführt, und durch die sittliche Freiheit die göttliche Kraft im Menschen zum Siegen gebracht werden soll. Hier ist der Boden, auf dem es sich entscheidet, ob die Welt Gottes oder des Teufels ist, d. h. ob der Gegensatz gegen die sittlichen Mächte nur ein verschwindendes, immer wieder aufzuhebendes Moment ist, oder sich zum endlichen Siege bringt.

Den Engeln gegenüber erscheint Mephistopheles als

— 131 —

ihr abstraktester Gegensatz. Während sie das Unwandelbare,
die ewig sich gleiche Gesetzmäßigkeit der Natur preisen, ver=
tritt er das ewig Wandelbare, die Negation des Seien=
den und des Lebens. Mephistopheles erscheint unter dem
Hofgesinde als Schalk, der, insofern dieser Standpunkt der
Negation es überhaupt zum Humor bringen kann, sich humo=
ristisch spottend über das Streben des Menschen, und über
seine Stellung zu Gott und den himmlischen Heerscharen ergeht.
Mephistopheles hat natürlich nur den Ton der Ironie über
das Treiben des „kleinen Gottes der Welt“, weil er, nur auf
das Zerstören und Negiren ausgehend, in der ganzen
Arbeit des Menschengeschlechts ein vergebliches Ringen er=
blickt, das seiner vernichtenden Thätigkeit immer neue Nahrung
bietet. Er ist daher seines Sieges völlig gewiß, und drückt
diese Siegesgewißheit dem Kreise gegenüber, in den er als ein
völlig fremdes Element eingetreten ist, mit vollster Freiheit
aus. Dieser Zuversicht des Mephistopheles stellt sich die
Zuversicht Gottes gegenüber, und begründet die Wette in
Betreff Faust's. Diese Wette bildet die eigentliche Substanz
unserer Scene, wodurch sie mit dem ganzen Faust auf das
Innigste zusammenhängt. Sie giebt uns die Gewißheit, daß
die Freiwerdung Faust's aus den Banden des Mephistopheles
das absolute Resultat der ganzen Bewegung sein muß. Die
Wette zwischen dem Herrn und Mephistopheles ist auf
dem tiefsten Grunde ihres Verhältnisses zu einander begründet.
Auch dies enthält der Prolog im Himmel. Er faßt nämlich
sehr bestimmt die Nothwendigkeit des Bösen, als Schran=
ken setzende, negirende und dadurch zur Besiegung derselben, d. h.
zur Affirmation forttreibende und anreizende Thätigkeit
auf. Der Herr sagt:

„Der Menschen Thätigkeit kann allzuleicht erschlaffen,
Er liebt sich bald die unbedingte Ruh;
Drum geb' ich gern ihm den Gesellen zu,
Der reizt und wirkt und muß als Teufel schaffen“.

9*

Mephiftopheles wird hierdurch als zum Wefen der Menschheit, zu ihrer Entwicklung nothwendig erklärt. Seine Existenz ift durch die Entwickelung des Geiftes bedingt, welcher fein Wefen, feine Freiheit unablässig durch den Sieg über die Materie, über die Schranke und den Irrthum hervorbringt, und sich erft dadurch als Geift bethätigt. Infofern muß Mephiftopheles, als Teufel, fchaffen. Der Dichter rückt hier den Widerspruch haarfcharf an einander und löft ihn auch zugleich auf. Als Teufel negirt Mephiftopheles nur; fein Thun ift Zerftören, Verneinen, er ift daher der Vater des Irrthums, wie der Sünde; aber Zerftören und Negiren find nur Momente in dem Prozeffe der Bewegung des Geiftes, d. h. nur dazu beftimmt, wieder der Entwickelung, dem Fortfchritt, alfo dem Pofitiven und Ver- nünftigen zu dienen. Mephiftopheles bringt alfo das Moment hervor, ohne welches der Geift gar nicht Geift wäre; Me- phiftopheles nöthigt den Geift zur Entfaltung feiner Kraft, zum Sieg über die Schranke und den Irrthum; er treibt ihn zur Thätigkeit und wirkt fo, wider feinen Willen, zur Hervorbringung der Vernunft und des Guten mit. Er muß, als Teufel, fchaffen. Er, der fich fpäter felbft den Geift nennt, der „ftets das Böfe will, und ftets das Gute fchafft", wird fchon im Prolog durch den Herrn als der wider feinen Willen erzeugende, zur Hervorbringung des Pofitiven wirkende Geift bezeichnet. Damit ift das ganze Verhältniß des Mephiftopheles zu Fauft, d. h. des Böfen zur Menfch- heit überhaupt, vorgebildet. Mephiftopheles ift durch den Herrn felbft in die Weltordnung als nothwendiges Glied auf- genommen, und zwar als ein fo nothwendiges, daß ohne Me- phiftopheles die Welt aufhörte Menfchheit, d. h. fich fort- wirkende, in der Ueberwindung der Schranke und der Materie fich zu immer freierem Selbftbewußtfein bringende geiftig fittliche Gefammtheit zu fein. Mit diefen Gedanken hat fich Goethe durch die Macht feiner poetifchen Anfchauung gleich auf die Höhe des philosophischen Bewußtseins erhoben und alle einseitigen theologischen Standpunkte hinter sich gelassen.

Da der Prolog in der Person des Herrn den durch die Tragödie selbst zu verwirklichenden Sieg des Menschen über Irrthum und Sünde mit unendlicher Selbstgewißheit ausspricht, so giebt er auch natürlich den Menschen dem Mephistopheles Preis, indem der erstere nur durch sich selbst von den Banden frei werden kann, welche der letztere um ihn legt.

> So lang er auf der Erde lebt,
> So lange sei dir's nicht verboten;
> Es irrt der Mensch, so lang er strebt.

Faust ist, wie wir schon angedeutet, nicht ein einzelnes Individuum, es ist in ihm die nach Wahrheit und Versöhnung ringende Menschheit individualisirt. Mephistopheles darf den Menschen „seine Straße sacht führen", er darf versuchen „den Geist von seinem Urquell abzuziehen", weil das Gegentheil die Freiheit des Menschen beeinträchtigen würde, aber der Herr deutet Mephistopheles auch sein endliches Erliegen in diesem Kampfe an:

> Und steh beschämt, wenn du bekennen mußt:
> Ein guter Mensch in seinem dunkeln Drange
> Ist sich des rechten Weges wohl bewußt.

Die Zuversicht des Herrn beruht natürlich auf seinem Bewußtsein von der Menschheit; er darf aber die Wette des Mephistopheles auch annehmen, weil er demselben im Prolog nur Versicherung gegen Versicherung setzen kann und seine Zuversicht sich erst durch die That des Menschen bewähren muß. Darin liegt der Fortgang der Tragödie, wie die Aussicht auf den Verlust der Wette Seitens des Mephistopheles begründet.

Wir haben mit dem Prolog noch eine Schwierigkeit, oder genauer gesprochen, einen Widerspruch zu berühren, welcher vielmehr in der Fassung als in der Sache liegt. Es kann nach der ganzen Auffassung des Verhältnisses zwischen dem

Herrn und Mephiſtopheles kein Zweifel darüber obwalten, daß
Gewinn und Verluſt der Wette auf der Erde, d. h. im
Kampfe des Lebens entſchieden werden ſollen, daß Mephiſtopheles
die Wette verloren hat, ſobald Fauſt ſich von ſeinen Banden
loszuringen vermag. Fauſt iſt dem Mephiſtopheles daher für
die ganze Dauer des Lebens überlaſſen, d. h. ſo lange als
überhaupt Kampf, Gegenſatz und Widerſpruch dauern.
Mephiſtopheles iſt nur dann beſchämt, wenn er ſich endlich
ſeine Ohnmacht über Fauſt eingeſtehen, alſo die aus der Verirrung, aus dem Hingeben an das Böſe ſich befreiende Kraft
des Menſchengeiſtes anerkennen muß. An Fauſt, d. h. am
Menſchen ſoll Mephiſtopheles erfahren, daß er, als Teufel,
ſchaffen muß, daß alſo ſein urſprünglicher Zweck und Wille,
den Menſchengeiſt ſeinem Weſen zu entfremden, ſich in ſein
Gegentheil verkehrt, indem er nur dazu gedient hat, den Menſchen zur Entfaltung ſeiner ganzen Kraft fortzutreiben. Dies
iſt der tiefe Sinn der Wette und die im Prolog eröffnete
Ausſicht auf das endliche Erliegen des Mephiſtopheles. Aber
dieſer Gedanke iſt nicht ganz in die Form getreten. Der
Dichter läßt nämlich unbeſtimmt, wann und wo das End-
reſultat der Wette zwiſchen dem Herrn und Mephiſtopheles
entſchieden werden ſoll. In Wahrheit kann dies, wie geſagt,
nur auf der Erde als auf dem Schauplatz des Kampfes
geſchehen. Der Herr aber verheißt den Fauſt bald „in die
Klarheit zu führen", d. h. in einen von Irrthum und
Sünde freien Zuſtand. Doch bezeichnet der Herr mit den
Worten: „es irrt der Menſch, ſo lang er ſtrebt", die Erde
als den Boden, auf welchem der Menſch, als Strebender,
auch ſtets dem Irrthum unterworfen iſt, alſo mit der Schranke,
die ſich immer neu erzeugt, ununterbrochen zu kämpfen hat. So
lange der Menſch irrt, ſo lange iſt auch die Gewalt des
Mephiſtopheles nicht gebrochen, denn Irrthum und Sünde ſind
ſein Werk; er ſetzt die Schranke, und reizt dadurch zur Thätigkeit, ſie zu überwinden. Wenn alſo Fauſt dem Mephiſtopheles

für die Zeit des Lebens überlassen wird, d. h. für die Zeit, in welcher der Mensch dem Irrthum unterthan ist, so kann die Verheißung des Herrn, den Faust „in die Klarheit zu führen", sich offenbar nur auf die Zeit nach dem Tode, also auf einen jenseitigen Ort, und eine jenseitige Zeit beziehen. Aber hier wäre Mephistopheles übervortheilt, weil er dort den Faust nicht mehr in Kampf und Widerspruch hinreißen, nicht mehr in Irrthum verstricken kann. Hier würde also der Herr eigenmächtig das Werk der Befreiung Faust's übernehmen, und Mephistopheles hätte eigentlich die Wette gewonnen, sobald Faust sich nicht auf der Erde von Mephistopheles Herrschaft befreien kann. Der Herr käme dann nach dem Tode der menschlichen Ohnmacht zu Hülfe und bekennte dadurch indirect die Macht des Mephistopheles auf der Erde. Dies sind die Consequenzen, wenn man den Widerspruch, welchen die Fassung einschließt, klar und bestimmt in's Auge faßt. Die Tragödie selbst löst diesen Widerspruch, denn sie läßt die Befreiung des Faust von der Gewalt des Mephistopheles auf der Erde vor sich gehen; auf diesem Boden verliert Mephistopheles die Wette. Die Ausführung selbst hat also die etwas unbestimmte Fassung des Prologs verbessert. Auch die Wette, welche später Faust und Mephistopheles mit einander eingehen, beschränkt sich einzig und allein auf die Zeit des irdischen Lebens, wie denn Faust auch selbst nur von dem Leben hier Befriedigung erwartet und fordert, und jede Aussicht auf eine jenseitige Genugthuung als trostlos zurückweist. Die Unbestimmtheit, in welcher Goethe bei der Abfassung des Prologs offenbar selbst noch über die Gestaltung des zweiten Theils, namentlich über die Art und Weise der Erlösung des Faust, schwebte, ist sicher die Quelle der Unbestimmtheit der von uns gedachten Stelle im Prolog, worin bei aller Klarheit über die Bedeutung der Wette selbst doch die diesseitige und jenseitige Erlösung des Faust nicht bestimmt worden ist.

Worin liegt die außerordentliche Anziehungs= kraft in der Darstellung des Faust von Goethe?

Wir befürchten keinen Widerspruch, wenn wir behaupten, daß kein klaffisches Drama der deutschen Poesie jemals eine solche Anziehungskraft ausgeübt hat und auszuüben fort= fährt als Goethe's Faust. Worin liegt dies? Es könnte zunächst scheinen, als ob die großen Schwierigkeiten, welche das Werk dem Verständniß darbietet, die Massen von dem Besuche dieses Werkes eher abschrecken sollte. Und doch ist das nicht der Fall. Um es mit einem Worte zu sagen: es liegt darin, daß dies tiefsinnigste Werk deutscher dramatischer Poesie doch zugleich wieder das populärste Werk ist. Ist dies zufällig? Der unendliche Reiz des Goethe'schen Faust beruht mit darin, daß hier die tiefsten philosophischen Probleme als Ausdruck des persönlichsten individuellen Lebens vor uns hintreten und also stets rein menschlich auf uns einwirken. Die Gedanken erscheinen weder in der Form von Symbolen, oder gar nur froftiger Allegorien, sondern stets als Aus= druck völlig individuellen Lebens. Dadurch bietet das Werk den großen Vorzug dar, daß es stets als Ausdruck ächt menschlichen Denkens und Empfindens auf uns einwirkt. Man wird, so zu sagen, auf den ersten Blick gar nicht die Tiefen des philosophischen Gehaltes gewahr, welche Goethe's Faust einschließt. Alles ist Ausdruck persönlichsten Lebens und Empfindens. Darum wirkt auch Faust stets so belebend, so allgewaltig auf den Hörer, weil derselbe mit dem Dar= gebotenen menschlich sympathisiren kann. Goethe's Faust bestätigt die nicht genug zu beachtende Lehre, daß in der dramatischen Poesie ein Werk nur dadurch wirken kann, wenn es als Ausdruck individuellen Lebens uns entgegentritt. Dadurch löst sich auch der scheinbare Wiederspruch, daß

das tiefsinnigste dramatische Werk deutscher Poesie
zugleich das populärste ist, welches auf die Massen eine so
gewaltige Anziehungskraft ausübt.   Diese Wirkung ist also
Goethe's Faust immanent, d. h. sie liegt in seiner ganzen
Komposition und ist untrennbar von ihr.   Darum wird auch
der Goethe'sche Faust diese große Anziehungskraft ausüben, so lange es noch Sinn für ächte Poesie giebt.

***

Andeutungen über die Auffassung zweier Stellen in der Rolle des Gretchen's in Goethe's Faust.

1. Wie muß die erste Begegnung Faust's und Gretchen's aufgefaßt und dargestellt werden?   Wir würden über
diese erste Begegnung kein Wort verlieren, wenn wir nicht
sehr oft in deren Darstellung einem Irrthum begegnet wären.
Faust legt offenbar dem aus der Kirche kommenden Gretchen den Arm um die Taille.   Goethe bemerkt bei der Erwiderung Gretchen's ausdrücklich: „Sie macht sich
von Faust los".   Diese Bemerkung wäre völlig wider-
sinnig, wenn Faust das Gretchen gar nicht berührt
hätte.   Auch muß Gretchen durchaus den Faust anblicken
und nicht wie verschämt die Augen niederschlagen, denn
Gretchen sagt, als sie später dieser ersten Begegnung
gedenkt: „Er sah gewiß recht wacker aus", Worte,
welche nothwendig voraussetzen, daß Gretchen den Faust
angeblickt haben müsse.

2. Wie müssen die Worte Gretchen's beim Anblick des
Schmuckkästchens „Wenn nur die Ohrring' meine
wären" accentuirt werden?   Es ist seltsam, daß fast alle
Darstellerinnen des Gretchen's, die berühmtesten

nicht ausgenommen, diese Worte falsch accentuiren. Sie legen nämlich den Accent auf Ohrring, anstatt ihn auf meine zu legen. Wird das Wort Ohrring accentuirt, so wird der Sinn sein, daß sich Gretchen von allen den schönen Schmucksachen wenigstens nur die Ohrringe wünscht. Grundfalsch! Gretchen bedauert nur, daß ihr von allen den Herrlichkeiten Nichts gehöre. Daraus folgt unwiderleglich, daß der Accent nur auf meine gelegt werden dürfe. Es ist Zeit, daß ein so festgewurzelter Irrthum aus der Darstellung des Gretchen's verschwinde.

Andeutungen über die Art, wie der König Claudius in Shakespeare's Hamlet gespielt werden muß.

Schon L. Tieck hat bekanntlich den Versuch gemacht, den König Claudius im „Hamlet" aus der Kategorie der undankbaren Rollen auf den Boden der dankbaren Rollen zu versetzen. Wird nun dadurch der König Claudius auch nimmer zu einer dankbaren Rolle werden, so hat doch L. Tieck so viel erreicht, daß selbst bedeutendere Schauspieler sich dieser Aufgabe mit künstlerischem Sinn und großem Fleiß hingeben werden. Mögen die nachfolgenden Andeutungen die Darsteller dieser Rolle etwas näher bringen! Wir wollen vor Allem in König Claudius eine stattliche Persönlichkeit vor uns sehen, der wir es glauben können, daß die Königin durch sie gefesselt und zum Eingehen einer zweiten Ehe fortgerissen werden kann. Mit dieser stattlichen Persönlichkeit verbindet der König Claudius jedenfalls Reiz und eine edle Manier, welche auch wirklich gerade auf Frauen einen bedeutenden Eindruck zu machen nicht verfehlen. Auch darf er eine gewisse von Anmuth gefärbte Wohlredenheit nicht vermissen lassen.

Dieselbe schließt das Gleißnerische, welches seine Rede zeigt, durchaus nicht aus. Die Hauptaufgabe für den Darsteller wird es aber immer sein, uns den Gemüthszustand des Königs aufzuschließen. Demselben hat Shakespeare in dem großen Monologe den höchsten dramatischen Ausdruck gegeben. So hat denn auch der Darsteller diesen Monolog in seiner ganzen Bedeutung zu behandeln. Der König ist in diesem Monolog allein mit sich zusammen geschlossen. Das Gefühl der Zerknirschung beherrscht der König diesen Augenblick wirklich. Die Wirkung der Zerknirschung ist freilich keine auffällige. Davon fühlt sich der König selbst durchdrungen.

Eine besondere Aufmerksamkeit wird der Darsteller des Königs denjenigen Momenten zzuwenden haben, in welchen wir ihn dem Laertes gegenüber sehen. Das Gefühl seiner königlichen Würde darf ihn keinen Augenblick verlassen. Der König behauptet auch dem Laertes gegenüber seine Fassung und Ruhe; er ist durchaus nicht eingeschüchtert, sondern ist offenbar von der Ueberzeugung durchdrungen, daß sich des Laertes Aufstand brechen werde. Je mehr der Aufstand an-zuwachsen scheint, desto mehr Ruhe und Würde hat der König demselben entgegen zu setzen. Seine Fassung büßt Claudius keinen Augenblick ein. Es ist dieser Moment der einzige, welchen Shakespeare dem König gegeben hat, um uns seine Repräsentation zu zeigen und ihn vom Gefühl seiner königlichen Würde erfüllt darzustellen. Der Darsteller des Königs muß daher auf diesen Moment ein besonderes Gewicht legen, weil es hier gilt, die Würde und Ruhe des Königs herauszukehren. So gespielt kann der König Claudius noch immer eine gewisse imponirende Haltung bewahren und sich vom Gefühl seiner Stellung erfüllt zeigen.

Romeo in Shakespeare's Romeo und Julia.

Die Darsteller des Romeo, welche das volle Bild des Dichters wiederzugeben vermögen, sind in der jetzigen Zeit seltener, als würdige Darstellerinnen der Julia. In unserer Kunst der dramatischen Darstellung haben wir schon darauf hingedeutet, daß bei dem viel mehr zum Bewußtsein über seine Thätigkeit berufenen Mann, in einer Zeit des so sehr erstarkten Denkens, des mächtig gewordenen, selbstbewußten Verhaltens, das fast alles instinktliche Treiben zerstört hat, daß es dabei zu einer Unmöglichkeit geworden sei, mit der Unmittelbarkeit der lyrischen Jünglings-Phantasie das Bild des Romeo zu seinem vollen Rechte kommen zu lassen. Wie in der Lyrik, so ist auch im Leben die Zeit verschwunden, in welcher die romantische Liebe selbst das Pathos der Dichtenden und Lebenden bildete, wo sie, ihrem ganzen Gemüthszustande nach, einem solchen Pathos, wie dem Romeo's, sich unmittelbar verwandt fühlten. Dieser Inhalt ist so sehr aus der Reihe der eigentlich bewegenden Mächte der Gegenwart gewichen, daß man zu seiner Darstellung, sei es in der Lyrik, oder in der dramatischen Kunst, nicht mehr diejenige Stärke und Intensität aus dem Boden seiner Weltanschauung mitbringt, welche früher diese Empfindungen in so reizender Mannigfaltigkeit und Schönheit hervorzauberte. Die schwellende Brust, welche in den einzig schönen Klängen der Liebe ihre Qual und ihr Entzücken aussprach, befreite sich auch darin gleichsam von diesem Inhalt, als von einem sie unmittelbar ergreifenden und bewältigenden Pathos. Auch der dramatische Darsteller wird also, weil er selbst ein Glied dieses veränderten Weltzustandes ist, nicht mehr in dem Maaße, wie früher, von der Gewalt dieser lyrischen Empfindung ergriffen sein. Wenn er daher sonst schon durch das Jugendfeuer und den unmittelbaren Erguß seines begeisterten Gemüths große Wirkungen hervorbrachte, so wird er jetzt als Darsteller romantischer Liebe durch das bloße Feuer jugendlicher Begeisterung nicht mehr wirken können, weil es weder in ihm selbst mehr in jener alten Kraft lodert, noch im Zuschauer so leicht, als sonst, wieder entzündet werden kann. Daher muß der Darsteller solch ein Pathos zwar als ein unmittelbar empfundenes an unser Gemüth bringen, aber es doch mit der vollsten Freiheit des Geistes angeschaut und in sich erzeugt haben. Von Zuständen, welche der Natur und der Individualität des Darstellers ferner liegen, giebt es jeder sogleich zu, daß er sie nur aus der künstlerischen Anschauung und Bildung, als ein Ganzes, wiedergebären könne, aber auch der Ausdruck der Affecte und Gemüthsstimmungen, welche der jugendlichen Individualität am nächsten verwandt sind, wie der romantischen Liebe, müssen als ein freies dichterisches Erzeugniß der Phantasie wiedergegeben werden, welches von einer nur erhöhten Stimmung noch specifisch verschieden ist. Weil aber die meisten Darsteller jugendlicher Helden, als deren Repräsentanten wir wohl Romeo nennen dürfen, dergleichen Gestalten gewöhnlich nur aus ihrer lyrischen Erregtheit und dem unmittelbaren Affect ihrer jugendlichen Natur spielen, so ist auch, aus den entwickelten Gründen, eine wirklich hinreißende Darstellung solcher Individualitäten so sehr selten und seltener, als in einer Zeit, wo Darsteller und Publikum selbst mehr auf dem Boden unmittelbarer Empfindung standen und für den Ausdruck derselben auch viel leichter entzündet wurden. Daher klagen wir jetzt bei der Darstellung des Romeo besonders über das **mangelnde Feuer** und die **fehlende Begeisterung**, ohne uns Rechenschaft darüber zu geben, daß überhaupt das hier waltende Pathos schwächer geworden ist. Der **heutige Darsteller** des Romeo wird daher nur dann eine **große Wirkung** in dieser Rolle hervorbringen, wenn er sich vermittelst der freien Phantasie in das Pathos der romantischen Liebe zu versetzen und diesen Zustand künstlerisch

aus sich zu erzeugen vermag. Nur aus der zweiten Hand
der intellektuellen Anschauung, nicht aus der ersten, der bloßen
Gemüths-Erregtheit, kann auch Romeo wieder die volle
Kraft und Energie gewinnen und uns in ihm das Bild
schwärmerischer und zugleich feuriger Hingebung, wie
der heroischen Todesverachtung verkörpert erscheinen.
So lange der Darsteller von diesem Gedanken nicht durchdrungen ist, wird er uns höchstens nur gelungene Einzelnheiten, aber niemals das volle Bild dieser romantischen
Jünglingsnatur geben. Um diese ist es uns aber bei
Romeo allein zu thun.

Aus dem Verhältniß Romeo's zu Rosalinde folgt für
die Darstellung des Romeo zunächst die Aufgabe, den
vom Dichter uns geschilderten düstern, schwermüthigen Träumer
zu zeigen, der in unbefriedigtem Liebesschmachten das Leben
wie eine Last einherschleppt. Aber auch aus dem krank-
haften Romeo soll eine edel organisirte Natur zu
uns sprechen. Der Ton des auftretenden Romeo wird zwar
weich, aber nicht schwächlich, die Haltung ein wenig gedrückt,
aber nicht erschlafft, der Blick düster, aber doch nicht ohne
Feuer sein. Wir müssen bei seinem Anblick und seinen Worten
inne werden, daß hier große Gaben ihrer Entwickelung entgegen harren, welche jetzt nur noch unter das Joch einer
unglücklichen Neigung gebannt sind. Aus den Antithesen
aber, in denen Romeo selbst den Widerspruch seines Gemüths
gegenständlich macht, wollen wir jenen Anflug eines tragischen
Humors vernehmen, der sich selbst gewissermaßen in seiner
Verirrung verspottet und in dieser Häufung der Antithesen
seiner Stimmung Luft macht. Daher uns auch hierin noch
eine gewisse Freiheit des Gemüths anwehen soll, die uns
die Erlösung Romeo's aus seiner Liebesknechtschaft
verbürgt. In seiner Stimmung ist ihm selbst der Zuspruch
der Freunde unbequem; wir wollen daher in der Darstellung
dieses Verhältnisses den Eindruck empfangen, daß Romeo's

Gemüthszustand nicht durch Lehre und Mahnung der Freunde geheilt werden kann. Jedoch auch in dieser düstern Stimmung muß aus Romeo in einem Momente das Feuer seiner Phantasie wie ein Blitz hervorbrechen, und uns die Gewalt desselben ahnen lassen. Der Dichter hat dazu die Antwort Romeo's auf Benvolio's Prophezeihung gewählt, sein Schwan werde ihm, mit andern verglichen, nur eine Krähe dünken. Die Erwiederung Romeo's muß der Darsteller dazu benutzen, in ihrer Recitation uns ein Vorspiel der Gluth zu geben, deren diese Natur überhaupt fähig ist. — In der vierten Scene mit Merkutio, Benvolio und einigen andern Masken sehen wir ihn dagegen wieder von trüber Stimmung übermannt und nur widerstrebend den Freunden zum Feste folgen. Diese Stimmung treibt sich sogar bis zur Ahnung eines düstern Verhängnisses fort, aus der aber Romeo sich selbst insofern befreit, als er sich zum Bewußtsein einer auch das Schicksal des Einzelnen lenkenden Macht aufschwingt. So gleichsam über sich selbst erhoben, tritt er den verhängnißvollen Gang mit den Freunden an. — Unmittelbar nach dem ersten Anschauen Julien's tritt jene Umwandlung Romeo's ein, welche aus dem Tode der geträumten Leidenschaft die wache Leidenschaft erstehen läßt. Diese Umwandlung soll aber auch sein ganzes Wesen ergreifen und in Ton, Haltung und Geberde sinnlich sichtbar werden. Der erste Erguß Romeo's muß uns einen von der Allgewalt der Schönheit in seinem tiefsten Wesen berührten Jüngling zeigen, in welchem der göttliche Wahnsinn an die Stelle der menschlichen Besonnenheit getreten ist. Der Darsteller kann nicht genug Gewicht auf diese erste hervorbrechende Empfindung legen, weil aus ihr die ganze folgende Entwickelung des Pathos begreiflich werden soll. Der Ton trägt die geflügelten Worte in raschen Schwingungen fort und über die ganze Persönlichkeit scheint eine höhere Weihe ergossen. Nachdem wir so vorbereitet worden sind, ist die dichterische Anrede

Romeo's an Julien und das erste zarte Gespräch mit ihr nur eine Folge dieser erhöhten Stimmung. Nur hüte sich der Darsteller, diese zarten Blüthen der Liebe schmachtend vor uns auszubreiten. Der Hauch der Empfindung wirkt um so eindringlicher, von je kräftigerer Persönlichkeit sie getragen wird.

Die ächte Leidenschaft der Liebe hat Romeo verwandelt. Abgeworfen ist die düstere Melancholie, der jugendstarke, von großartiger Leidenschaft gehobene Held steht vor uns. Diese Umwandlung hat uns Romeo vor Allem zu bekunden. Das Auge von Feuer strahlend, die Haltung offen und kühn, der Gang elastisch, der Ton von jenen leiden= schaftlichen Accenten durchdrungen, die uns die Gluth des Herzens und zugleich ein stürmisches Naturell verrathen; die ganze Persönlichkeit aber das Bild einer nun zu ihrer völligen Schönheit entwickelten Ritterlichkeit — auf diesem Boden muß sich das Liebesentzücken der Gartenscene entfalten. Bei Romeo waltet natürlich nicht, wie bei Julien, ein Kampf scheuer Zurückhaltung und inniger Hingebung, sondern er bricht die reife Frucht der Liebe und reicht sie in goldener Schaale dar. Romeo strömt über von jugendlicher Kraft und Liebeslust und sein Ton wird die ganze Scala des Ent= zückens, vom zarten Liebeshauche bis zum Ausdruck hinreißen= der Leidenschaft abspiegeln. So gewährt diese Scene den Ge= nuß ewiger Musik des Herzens und das Bild eines sich fliehenden und haschenden Wellenspiels auf dem großen, be= wegten Meere der Liebe und Lust, das gleichwohl in seiner Tiefe Schrecken birgt.

Diese Umwandlung der ganzen Persönlichkeit muß sich auch in der ersten Scene mit dem Pater Lorenzo darstellen, so daß auch dieser des Ernstes dieser Leidenschaft inne wird. Nach dem Worte der Gewährung, welches Lorenzo gesprochen, ist über Romeo nun die volle Heiterkeit des Lebens ergossen. So tritt er zu den Freunden hin. Die muntern Augen, die

aufgeweckte Zunge, die Merkutio an ihm bemerkt, soll der
Zuschauer mit diesem wahrnehmen. Romeo's Sprache und
Blick wird uns den Ausdruck einer frischen Lebenslust zeigen.
In der Scene zu Anfang des dritten Akts, wo Romeo dem
ihn höhnenden Tybalt ausweicht, darf uns der Darsteller
den Kampf anzudeuten nicht unterlassen, den Romeo's
ritterliche Natur besteht, indem sie für Julien sogar den
Schein der Feigheit auf sich zu ziehen sich nicht scheut. Romeo
verläßt, sichtbar sich selbst bekämpfend und mühsam sich fassend,
die Bühne. Er kehrt zurück und gewahrt den auf den Tod
verwundeten Freund Merkutio. Zunächst kehrt er den
Stachel des Vorwurfs gegen sich selbst; wir wollen Romeo
in den wenigen Worten von der Qual der Collision, in die
er sich gesetzt fühlt, tief ergriffen sehen. Daraus aber muß
sich beim Anblick des wiederkehrenden Tybalt der volle
Heldenmuth erheben. Die Stelle ist von dem größten Gewicht, da sie auch für Romeo die Katastrophe herbeiführt.
Die mühsam unterdrückte Kampflust bricht jetzt gewaltsam hervor und weissagt uns gleichsam den Ausgang dieses Kampfes.
Es ist das erste und einzige Mal, wo wir den liebenden
Romeo auch in seiner ritterlichen Natur sehen. Die
letztere erhöht die erstere. Daher wird der Darsteller
diesen Moment benutzen, uns das Bild eines kühnen, das
Leben auf der Spitze seines Schwerdtes tragenden Jünglings
zu geben, der es werth ist, den höchsten Preis der Tapferkeit
und des Muthes zu erwerben. Wir wollen aus diesem einzigen
Zuge die ganze Thatkraft, aber auch den ganzen Ungestüm
Romeo's ahnen. — Dieser Ungestüm Romeo's entfesselt
sich nun in der Scene mit dem Bruder Lorenzo, im dritten
Akt, bei der zerschmetternden Nachricht seiner Verbannung,
völlig. Die Unheilsbotschaft setzt ihn ganz aus sich heraus,
die ungezähmte Wuth durchbricht alle Schranken der Besonnenheit und macht sich in einem Sturm der Rede Luft, in welcher
er den Trost des mahnenden Wortes mit Trotz verschmäht

und das Bewußtsein der Ohnmacht desselben gegen die Macht
der Leidenschaft ausspricht. Der Darsteller hat hier die
nicht leichte Aufgabe, die entflammte Wuth, den stürmenden
Zorn, die wilde, bis zum Entschluß der Selbstvernichtung
gehende Verzweiflung zu versinnlichen und doch über diese
losgebrochenen Mächte zugleich zu herrschen, um sie zu einer
künstlerischen Darstellung zu bringen, ohne dem Ganzen
etwas von seiner Stärke und Naturgewalt zu rauben. Dies
macht die Rolle des Romeo grade zu einer so schwierigen
Aufgabe, weil sie die ganze Tonleiter der Affecte einer
idealen, aber zugleich stürmischen Jünglingsnatur in ihrem er-
schöpfendsten Ausdruck erklingen lassen muß, und dazu eine
Durchbildung, eine Herrschaft über gewaltige Mittel
und zugleich eine Idealität des Sinnes gehört, die sich so
selten, besonders in einem jugendlichen Darsteller vereinigt
finden. Und doch müssen alle diese Seiten zu ihrem vollen
Ausdruck kommen, weil sie einander heben und gegenseitig in's
Licht setzen. Denn das süße Liebesgeflüster Romeo's wird
erst auf dem Grunde eines so überkräftigen und ungezähmten
Naturells zu einem so herzgewinnenden Zauber, und der
Ungestüm des Affects streift wieder durch seinen idealen Ausdruck alles Rohe ab. Es ist immer ein ganzer Mensch, der
sich mit seiner vollen Persönlichkeit in den Affect hineinwirft
und ihn ungeschmälert in seiner Brust erklingen läßt, der aber
auch in dem Sturm des Gemüths stets von einem Adel der
Empfindung getragen wird. In der Abschiedsscene geht durch
beide Gatten derselbe Grundzug der Ahnung einer unheilvollen
Zukunft, in der sie sich gegenseitig gleichsam widerwillig be-
stärken. Der Blick ist, wie der Ton, umflort von dem Vorgefühl des grausamen Geschicks. Dieser Grundton hat die
ganze Scene zu begleiten, das Einzelne darf sich nur wenig
dagegen abheben. Das Liebesgeflüster der ersten Gartenscene
hat sich in den Hauch der Wehmuth verwandelt. Den fünften
Akt beginnt Romeo mit einer durch süße Träume geweckten

glücklichen Stimmung. Da trifft ihn die Nachricht, Julia
ruhe entseelt in Capulet's Begräbniß. Romeo wird bei den
Worten Balthasar's aus der Erstarrung in wilden Trotz
übergehen. Das Auge flammt wutherbrannt zum Himmel,
dem er die ersten Worte entgegendonnert. Sein Entschluß
folgt auf dem Fuße nach. Wie Romeo's Anblick Balthasar, den Diener, in Furcht setzt, so muß er auch dem
Zuschauer Grauen einflößen, weil dieser darin das kommende
Schicksal lesen soll. Solche Mienen des sich wendenden Geschickes, in denen sich die ganze Katastrophe gleichsam abbildet,
sind freilich nur dem genialen Darsteller möglich. Sie
sind über alles Lehren und Lernen erhaben. Daß uns aber
der Tod aus Romeo entgegenstarre, fordert der Dichter.
Romeo ist allein. Mit furchtbarer Ruhe verkündet er den
Willen, sich Julien im Tode zuzugesellen. Es ist der Ton
der entschlossensten Resignation. Diese giebt aber auch für
den Verlauf dieser Scene den Grundton. Romeo soll uns
darin als ein Mensch erscheinen, der mit dem Leben gebrochen
hat. Das Elend des Lebens wird ihm in seiner Stimmung,
bei dem Anblick des Apothekers, recht gegenständlich. Die
Lebensverachtung giebt ihm jene Schilderung der abgezehrten
Gestalt des Apothekers ein, der unter der Last des Lebens
keucht und doch diese Bürde noch liebt. Die ganze Scene
muß von jenem intensiven Accente gefärbt sein, der uns die
Stimmung des zum Tode entschlossenen Romeo's versinnlicht, aus der alle seine Worte fließen.

Mit der furchtbaren Ruhe der Resignation auf das Leben
steigt Romeo in das Grabgewölbe hinab. Sie muß sich sogleich in der ersten Rede zu seinem Diener malen. Denn der
Darsteller darf nie vergessen, uns einen an der Schwelle
des Todes mit Bewußtsein und Freiheit stehenden Jüngling
zu zeigen. Die Befehle und Weisungen, welche er ihm ertheilt,
müssen ohne Leidenschaft und Erregung, aber mit jener Intensität des Tones gesprochen werden, welche uns die Erfüllung

10*

der Drohung bei der geringsten Weigerung als unabwendbar zeigt. Der Ungestüm des Gemüths hat ausgestürmt, an seine Stelle ist die heroische Lebensverachtung getreten, welche die ganze Individualität stets mit einer gewissen Feierlichkeit und erschütternden, Abgeschlossenheit erfüllt. So tritt Romeo dem Paris gegenüber, nicht ein leidenschaftlich erregter Jüngling, sondern ein kalt fordernder Mann, der sich im Bewußtsein seines Rechts und seines Erfolges weiß, weil ihn kein härterer Schlag mehr treffen kann. Nach diesem Siege beginnt Romeo's eigentliche Weihe des Todes. Das Vorgefühl des freigewählten Todes, und der Anblick Julien's erfüllen Romeo's Gemüth, und rufen in ihm noch einmal die ganze Fülle der Poesie wach. Mit ihrem Dufte verklärt er den erschlagenen Paris. In dem letzten Selbstgespräch aber faßt sich die ganze ideale Natur und Bildung Romeo's, geweiht und gereift durch die Furchtbarkeit seines Geschicks, in ihre höchste Spitze zusammen. So feiert Romeo in diesem Monologe gewissermaaßen seine Selbstverklärung. Diesen Eindruck wollen wir aber auch aus der Darstellung empfangen. Die Schauer des Todes sind der Seligkeit gewichen, daß ein Grab ihn und Julien empfangen werde. Nun versenkt sich sein volles Herz noch einmal in den Anblick der Geliebten und seine Phantasie ist entflammt, indem sie die ungebrochene Kraft der Schönheit Julien's verherrlicht. Von diesem Gipfel der Verzückung aus schreitet Romeo dem Tode zu. Wenn derselbe vorher durch die Macht der Phantasie das Irdische überwunden hatte, so besiegelt er es nun auch durch die That. In diesem Uebergange zuckt das gebrochene Herz noch einmal auf, es ist der letzte, unwillkürliche Tribut, welchen er dem schönen Leben zollt, aber die Freiheit des Geistes zerreißt auch die letzten Wurzeln, mit denen das Gemüth noch an die Erde gefesselt war. Also müssen Schmerz und Sieg zugleich zur Erscheinung kommen. Alles Furchtbare und Verhöhnende, welches dieser Tod zugleich in sich schließt, soll auch die Darstellung ver-

sinnlichen, die freilich sich hier nur durch eine Kraft und Ge-
staltungsfähigkeit der Phantasie erreichen läßt, welche sich kühn
in das Reich unkörperlicher Schönheit wagt und ihr ihre Geheimnisse entlockt.

Julia in Shakespeare's Romeo und Julia.

In keinem dramatischen Werke ist die Gewalt der Liebe
in so mächtigen und durchdringenden Tönen und zugleich in
so organischer Entwicklung versinnlicht worden, als in Shakespeare's „Romeo und Julia". Da sich im Weibe nun natur-
gemäß der Genius der Liebe am meisten und zugleich freiesten
entwickelt, so erscheint auch hier Julia als die eigentliche
Trägerin der Liebe, indem sie diese Leidenschaft von den un-
scheinbarsten Anfängen bis zu der tragischen Gewalt durch alle
Stadien hindurch vor uns entwickelt. Es gehört zu den interessantesten Aufgaben, die Gestalt der Julia durch die verschiedenen Phasen ihrer Entwicklung zu begreifen, um uns
das großartige Gemüthsleben zum klaren Bewußtsein zu
bringen.

Das erste Erscheinen der Julia zeigt uns ein völlig
unbefangenes, von keinerlei Neigung erfülltes Mädchen. Wir
sehen sie nur von dem Wunsche erfüllt, dem Willen der
Mutter zu gefallen. In diesem völlig leidenschaftslosen Gemüthszustande begegnet sie dem Romeo, und diese erste Begegnung wird sogleich für ihr ganzes Leben entscheidend. Bei
seinem Anblick flammt sogleich die Liebe in voller Gewalt auf,
und die erste Begegnung mit Romeo offenbart uns sogleich
den gewaltigen Eindruck, welchen das erste Zusammentreffen
mit diesem wahlverwandten Wesen in ihr hervorgebracht hat.
Wir sehen Julia sogleich von Liebe entzündet und gewinnen
die Ueberzeugung, daß dieser Eindruck ein unauslöschlicher ist,

der nur mit dem Leben selbst endigen kann. Erklärt sie ja
doch selbst der Amme: „Wenn Romeo vermählt, so sei das
Grab zum Brautbett ihr erwählt".

Die erste Begegnung zeigt uns aber nicht nur die Liebe
in ihrer über alle Reflexion erhabenen zündenden Gewalt,
sondern auch, und darauf kommt es hier vornehmlich an, in
ihrer tragischen Perspective. Mit dem Moment, wo Julia
erfährt, daß der Gegenstand ihrer Leidenschaft ein Montague
ist, hat sie auch die Ueberzeugung des tragischen Geschickes,
welches über ihre Liebe verhängt ist. So eröffnet uns diese
erste Begegnung der Liebenden sowohl die ganze zündende
Gewalt der Liebe, als auch, die Aussicht auf eine tragische
Entwicklung, welche uns fort und fort begleitet. Wir sind, und
das darf der Zuhörer nie vergessen, schon durch das erste Zusammentreffen der beiden für einander bestimmten Personen in
eine tragische Stimmung versetzt. Diese Stimmung ist durch die
einfachsten Mittel, einzig und allein durch die Gewalt der Situation erreicht, daß wir die Liebenden zweien feindlichen Geschlechtern
angehören sehen, welche einander auf Leben und Tod bekämpfen.

Der erste Funke der Liebe ist rasch zu einer Flamme em-
porgeschlagen. Wir sehen Julia ganz erfüllt von dem Bilde
Romeo's hinauseilen in die frische Nachtluft, um hier ihren übermächtigen Empfindungen Luft zu machen. Romeo, von gleicher
Macht der Liebe ergriffen, ist ebenfalls hinausgeeilt, um seinem
gepreßten Herzen Luft zu machen und die Leidenschaft, von
welcher er sich beherrscht fühlt, wenigstens der verschwiegenen
Nacht zu vertrauen.

Es gehört zu den tiefsten Zügen ächter Poesie, daß wir
beide Liebenden, unabhängig von einander, von derselben Gluth
der Leidenschaft entflammt sehen. So begegnen sich in der
unsterblichen Balkon-Scene das Bekenntniß des leidenschaftlich
erregten Romeo und die jungfräuliche Zartheit der Julia,
welche, ohne es zu ahnen, dem Bekenntniß seiner innigen Liebe
lauscht und ihren treuen Liebesschwur gegen den des Romeo

eintauscht. Durch die Macht der Erwiederung haben sich die Empfindungen Julia's rasch zu den üppigsten Blüthen der Liebe erschlossen. Julia erscheint in dieser Scene eben so züchtig und mädchenhaft, als liebeerfüllt und rückhaltlos in ihrem Bekenntniß. Man kann ohne Uebertreibung sagen, daß kein Dichter älterer und neuerer Zeit etwas geschaffen hat, was an Zartheit, Innigkeit, Gluth der Leidenschaft wie durch Wahrheit sich mit dieser Scene messen kann. Auf diese Scene läßt sich recht eigentlich Lessing's berühmtes Wort, welches er von der ganzen Tragödie gebrauchte, anwenden: „Die Liebe selbst hat sie gefeilt".

Man wird den großen Fortschritt, welchen diese Scene für die Entwicklung der Liebenden, namentlich aber Julia's enthält, nicht verkennen. Der Austausch der Liebe in ihrer höchsten dichterischen Schönheit hat den Entschluß, für das Leben einander anzugehören, zur Reife gebracht. Die heimliche Vermählung der Tochter Capulet's mit einem Montague erscheint also als die ganz natürliche Frucht des gegenseitigen Liebesbekenntnisses. Beide Liebende haben, vor Allem aber Julia, das unendliche Recht der freien Neigung besiegelt, und der Pater Lorenzo vollzieht durch die Trauung, in welche er willigt, nur die Bestätigung dieses absoluten Rechtes der Innerlichkeit. Die Spannung, in welche wir schon durch die erste Begegnung der Liebenden versetzt waren, ist nun unendlich gewachsen. Wir stehen somit an der Schwelle der Tragödie, welche sich, da der Haß der Geschlechter der alte geblieben, entwickelt und über den Häuptern der Liebenden zusammenzieht. Diese tragische Entwicklung zeigt uns der Fortgang der Tragödie, worin, wie natürlich, das tragische Geschick Juliens die erste Stelle einnimmt.

Es ist ein tiefer und ächt künstlerischer Zug, daß der Dichter das tragische Geschick Julia's unmittelbar an den Monolog Julia's, im Anfang des dritten Aktes, schließt, in welchem wir das Gemüth Julia's ganz erfüllt und begeistert von dem

Besitze Romeo's sehen. Gerade neben diesem höchsten Glücke, in dessen Genuß die Phantasie Julia's schwelgt, öffnet sich auch der Abgrund für ihr Geschick. Die Amme tritt ein und bringt die Kunde von dem über Romeo verhängten Bann, der den Geliebten aus Verona treibt. Julia fühlt das Tragische dieses Geschickes in der ganzen furchtbaren Gewalt und ergeht sich darüber mit immer steigender Gewalt des Schmerzes und der Verzweiflung. Auf einmal stehen die tragischen Gewalten Julia's alle in Blüthe. Aus diesen Ergüssen fühlt man schon heraus, daß Julia mit todesmuthiger Energie ausgerüstet ist, um dem Geschicke zu trotzen. Wie tief tragisch wirkt nach diesen Er= güssen der Abschied von Romeo! Alles athmet hier einen tief elegischen Grundton; das Gemüth ist erfüllt von düsterer Ahnung, daß diese Zusammenkunft mit Romeo die letzte sein werde. Julia ist nie sentimental oder weinerlich, aber ihr Gemüth ist mit tiefer Trauer umflort. In dieser schmerzlichen Stimmung trifft sie ein neuer tragischer Schicksalsschlag, welcher die schon erlittenen Schrecken noch überbietet. Dies ist der unerbittliche Wille der elterlichen Gewalt, welcher die Tochter dem Grafen Paris als Gattin aufdringen will und durch kein Flehen, keine Vorstellung Julia's gebeugt werden kann. Aber das furchtbare über Julia schwebende Verhängniß reift nur die Kraft ihres Verstandes. Jetzt erst spricht sie den heroischen Entschluß aus, durch einen freiwilligen Tod ihre Treue gegen Romeo besiegeln zu wollen. Durch diesen todesmuthigen Ent= schluß gestählt, sagt sie sich zunächst von der Amme für immer los, da diese sie zum Treuebruch an Romeo verleiten will. Aber Julia, und das bildet vorzugsweise die Kraft ihres Heroismus, ist auch bereit, alle Schrecken des Scheintodes auf sich zu nehmen, indem sie den vom Mönche Lorenzo ihr ge= botenen Schlaftrunk begierig ergreift, durch dessen Wirkung sie dem geliebten Romeo erhalten werden soll. Julia durch= lebt in ihrer Phantasie alle Schrecken des Scheintodes, den sie freiwillig auf sich nimmt, ohne sich einen Augenblick das Furcht=

bare ihres Entschlusses und seiner Folgen zu verhehlen. Dies ist der Gipfel ihrer heroischen Entschlossenheit und das reinste Siegel der Liebe. Nach diesen Schrecken ist der Entschluß des Selbstmordes, als sie sich in alter Katakombe plötzlich an der Seite Romeo's erblickt, nur eine ganz natürliche Consequenz. Julia, welche alle Schrecken des Todes bereits im Geiste durchlebt hat, besiegelt durch ihren freiwilligen Tod nur das absolute Recht und die Macht der freien über alle Reflexion erhabenen Neigung.

Die Auffassung und Darstellung der Phädra von Racine.

Es ist gewiß nicht zufällig, daß unter den griechischen Dichtern Euripides zuerst diesen Stoff behandelt hat, da mit ihm zuerst die subjectiven Leidenschaften Gegenstand der tragischen Kunst wurden, während Aeschylus und Sophokles sich noch ganz an die objectiven Mächte des Staates und der Familie hielten. In neuerer Zeit hat nun Racine in seiner Phädra diesen Stoff wieder aufgenommen und künstlerisch behandelt. Das Hauptinteresse bei Racine ist recht eigentlich ein psychologisches, d. h. die Darstellung des Gemüthsprozesses und der verzehrenden Leidenschaft der Phädra für Hippolyt, den Stiefsohn, welcher Phädra erliegt. Eine objective Berechtigung ist in Racine's Phädra nicht, denn die Leidenschaft ist keine Folge einer Schuld. Man muß daher sagen, daß, nach dem höchsten Maaßstabe gemessen, weder der Hippolyt des Euripides noch die Phädra des Racine ein wahrhaft tragisches Kunstwerk ist. Indessen hat die Virtuosität, mit welcher der französische Dichter die dämonischen Leidenschaften der Phädra gezeichnet hat, dem Werke von jeher die größten Sympathien erworben. Dieser großartige psychologische Prozeß hat offenbar

auch unfern Schiller veranlaßt, das Werk Racine's frei zu
übertragen. Das tragifche Intereffe der Phädra befteht allein
darin, daß jene durch ein Verhängniß über Phädra gekommene
verbrecherifche Leidenfchaft in ihrer furchtbaren, dämonifchen
Gewalt vor uns wird, und alles Widerftandes, alles Ringens
des Gemüthes dagegen fpottet. Daß fich Phädra, troß ihres
Schuldbewußtfeins, nicht von diefer verbrecherifchen Leidenfchaft
zu befreien vermag, verleiht ihr eine dämonifche Kraft und
dadurch allein vermag Phädra unfer Mitleid zu erregen, in=
dem diefe Leidenfchaft doch in ihrem Entftehen ihr nicht zu=
gerechnet werden kann, fondern vielmehr als ein furchtbares
Verhängniß erfcheint. Der Mangel befteht nur darin, daß
uns der Dichter nicht bis zu dem Punkte zurückgeführt hat,
in welchem wir in der verbrecherifchen Leidenfchaft eine fub=
jective Schuld erblicken. Eine Darftellerin der Phädra, welche
uns nicht durch den ganzen Prozeß ihrer Leidenfchaft das
tieffte Mitleiden für diefes ihr Verhängniß entlockt, fpielt
die Phädra nicht im Sinne des Dichters. Weil der
Phädra eine objective fittliche Berechtigung fehlt, fo kann uns
auch ihre Schuld und ihr Untergang nicht wahrhaft tragifch
erheben, denn wir müffen immer fagen, daß hier ein Opfer
einer dämonifchen Gewalt vor uns fteht, welche ihr nicht
eigentlich zugerechnet werden kann.

Nachdem uns Phädra in ihrer erften Scene das Bild
ihrer dämonifchen Leidenfchaft für Hippolyt durch ihr eigenes
Geftändniß gegeben, fehen wir fie im zweiten Akte dem Hippolyt
felbft gegenüber. Wenn fchon die erfte Scene einen dämonifchen
Charakter hatte, fo fteigert fich derfelbe noch in der Scene
mit Hippolyt. Phädra nähert fich ihm fchüchtern, fie bebt
gleichfam zurück vor diefer Zufammenkunft. Man fühlt ihrer
erften von maaßvoller Haltung getragenen Anrede gegen Hippolyt
an, daß fie durchaus gewillt ift, fich maaßvoll zu benehmen,
daß fie ihm gegenüber fogar bemüht ift, ihre glühende Leiden=
fchaft für ihn zu verbergen. Aber fein Anblick reißt fie offen=

bar über ihre anfängliche Absicht hinweg und giebt den nachfolgenden Reden den dämonischen Charakter, denn aus ihnen
spricht eine wahnsinnige Leidenschaft, welche durch das Streben
sie zu verbergen nur noch mehr wächst und bald in helle
Flammen aufschlägt. Den Reden der Phädra zum Hippolyt
muß man durchaus das Unfreiwillige anfühlen. Je mehr sich
das Bekenntniß ihrer Leidenschaft auf ihre Lippen drängt,
desto entschiedener muß die Rede den Charakter der Unfrei-
willigkeit erhalten. Phädra erscheint in dieser ganzen Scene
mit Hippolyt vom Dämon der Leidenschaft beherrscht, der sie
Schritt für Schritt immer mehr unterjocht. Nur ein fast
accentloses Hinrollen der Rede wird ihren dämonischen Charakter
richtig und im Sinne der Situation abspiegeln können. Jede
Declamation würde diesen dämonischen Charakter vollständig
zerstören. Nur so erklärt sich, daß Phädra zuletzt von der
Fruchtlosigkeit ihrer Ergießung erfüllt, schamergriffen dem
Jüngling das Schwert von der Seite reißt, um sich damit zu
durchbohren. Da Hippolyt nichts thut, um dies zu hindern,
sondern die Phädra gewähren läßt, so verläßt sie halb erstarrt
über die Begegnung, halb verwirrt von Scham über ihre
eigene Schwäche und Maaßlosigkeit die Bühne. Dem gewaltigen
Ergusse der Phädra wird man stets anfühlen müssen, daß sie
weit über ihre ursprüngliche Absicht hinausgeführt und zum
unfreiwilligen Bekenntniß ihrer dämonischen Leidenschaft fortgerissen worden ist. Sie erscheint daher in einer so fieber-
haften Aufregung, daß sie dem Zuschauer Mitleid und Schrecken
zugleich einflößt. Wenn die Darstellerin in dieser Scene uns
nicht diesen Charakter einer dämonischen Leidenschaft versinnlicht,
so läuft sie Gefahr, uns nur ein ränkevolles Weib darzustellen,
welches eigentlich außer dem Bereiche der Kunst liegt. Dies
ist offenbar in dieser Scene die eigentliche Klippe für die
Darstellerin der Phädra. Nur wenn uns die Darstellerin
ihre ganze Persönlichkeit von der einzigen Liebes-Leidenschaft
für Hippolyt ergriffen zeigt, kann sie sicher sein, uns nicht ein

von sinnlicher Gluth ergriffenes Weib, sondern ein in allen Höhen und Tiefen der Seele von einer dämonischen Gewalt durchglühtes Geschöpf zu zeigen. Die Grenze ist allerdings eine sehr zarte, gleichwohl muß sie festgehalten werden. Je mehr daher die Reden der Phädra den Charakter unfreiwilligen Ergusses haben, desto weniger werden sie den Charakter einer sinnlichen Erregung an sich tragen. Die Reden zum Hippolyt werden nicht selten, besonders in der beredten Schilderung seiner Persönlichkeit, das Gepräge süßester Schwärmerei tragen müssen, nur bisweilen durchglüht von der Flamme verzehrender Leidenschaft. Phädra darf bei diesen Reden niemals vergessen, daß sie ein Weib und eine Königin ist. Das Weib wird die Züge maaßloser Sinnlichkeit vermeiden und die Königin wird der Rede noch so viel Adel verleihen, um uns noch immer in der Region der Kunst zu erhalten. Je leichter und gefährlicher es hier ist, die Linie der Weiblichkeit zu verlassen, um so mehr hat die Darstellerin darüber zu wachen, sich nicht in Zügellosigkeit zu verlieren. Dies wird sie um so sicherer erreichen, je weniger sie der Rede den Charakter der Besonnenheit und des Bewußtseins verleiht.

Vom dritten Akte an sehen wir Phädra nur in dem furchtbarsten Zerwürfniß ihres Gemüthes. Ihr Sinn, ihre Gedanken sind allein auf ihre Leidenschaft für Hippolyt gerichtet. Phädra sieht sich selbst als das Opfer der Venus an und faßt ihren Seelenzustand als einen Ausdruck göttlichen Zornes auf. Aber ihr Leiden hat seinen Gipfel noch nicht erreicht. Phädra faßt die Kälte des Hippolyt gegen sie als Mangel an Liebefähigkeit auf; sie war davon wenigstens durchdrungen, daß er einer Leidenschaft überhaupt unfähig sei. Aber ihr Gemüthszustand muß noch ihre Schmerzen steigern, als sie erfährt, daß derselbe Hippolyt, welcher ihrer Liebesgluth gegenüber so kalt geblieben, für die Liebe nicht unzugänglich ist, kurz, daß er für Aricia glüht. Diese Kunde muß das Maaß der Leiden Phädra's steigern. Es ist das Entsetzlichste, was sie erfahren kann. Die Gewißheit, daß Hippolyt für Aricia glüht, ruft alle dämonischen Gewalten ihrer Seele auf. In dieser Verzweiflung findet Phädra nicht einmal einen Trost darin, daß dieser Verbindung des Hippolyt mit der Aricia die größten Hindernisse entgegen stehen. Unter einem Thränenstrom sagt sie sich, daß sich diese Beiden doch, trotz aller Hindernisse, ewig lieben werden. Endlich wendet sich der Zorn der verzweifelten Phädra gegen Oenone, welche sie anklagt, diese Leidenschaft für Hippolyt in ihr genährt zu haben. Ihr Zorn flammt in dieser Rede an Oenone furchtbar auf; sie ist dabei bis in das Mark erschüttert.

Es bleibt uns endlich noch übrig, des Todes der Phädra zu gedenken. Ihr Schuldbewußtsein gegen Theseus und ihre Gemüthsleiden haben endlich ihren Entschluß gereift, sich selbst den Tod zu geben. Sie hat Gift genommen und tritt, als das Gift schon in ihren Adern rinnt, noch einmal vor uns hin. Sie stirbt vor unsern Augen, indem das Gift ihr schon an das Herz tritt. Die Darstellerin hat hier besonders darauf bedacht zu sein, uns die Wirkungen des tödtlichen Giftes in ihrer letzten Rede zu offenbaren. Es soll kein an convulsivischen Zuckungen verscheidendes Weib vor uns stehen, sondern eine Königin, welche freiwillig ihrem Leben ein Ende 'macht, durch ihre Schuld zermalmt. Das Sterben der Phädra soll und darf einen edlen Zug nicht verleugnen, sie stirbt selbstbewußt und edel, aber nicht kleinlich und nur dem Gifte erliegend, sondern sie sühnt durch ihren freiwilligen Tod ihre Schuld. Das Sterben der Phädra soll durch die Darstellerin also **versöhnend** wirken und dadurch in dem Zuschauer einen tragischen Eindruck hinterlassen.

+ Andeutungen über die Kassandra im
Agamemnon des Aeschylus.

In der philosophischen Gesellschaft zu Berlin hatte sich
einst eines ihrer Mitglieder, welches sich in Absonderlichkeiten
gefiel, die Vergleichung der Kassandra im Agamemnon des
Aeschylus mit der Margarethe in Shakespeare's Richard III.
zum Thema gewählt. Dieser Vergleich mußte so unglücklich
ausfallen, als es schon die Wahl des Themas war. Denn,
außer daß diese beiden Naturen leidenschaftlich aufgeregte Frauen
sind, bieten sie durchaus keinen eigentlichen Vergleichungspunkt
dar. Die Kassandra, um zu dieser überzugehen, ist wesentlich
Prophetin und verkündigt durch die Gabe der Weissagung das
gegen Agamemnon durch seine Gattin Klytämnestra bevor-
stehende Verbrechen. Sie verkündigt diesen Frevel in den durch-
dringendsten Tönen und in gewaltigen Rhythmen. Die Prophetie der Kassandra ist um so furchtbarer, als sie mit der
größten Bestimmtheit und der größten plastischen Anschaulichkeit
den nahen Frevel ausmalt. Die Kassandra des Aeschylus ist
das beredteste Zeugniß dafür, daß auch der antiken Tragödie
das Element des Dämonischen durchaus nicht gefehlt hat; vielmehr treffen in der Kassandra alle Momente des Dämonischen
zusammen. Es gewährt uns daher eine besondere Genugthuung,
auf Kassandra hinzuweisen, als auf eine Vertreterin des Dämonischen, welches man der antiken Tragödie, obgleich mit
Unrecht, oft abspricht. Das Dämonische in der Prophetie
der Kassandra zeigt sich nun vornehmlich darin, daß sie das
nahe Verbrechen als eine weit über die Willkür des Subjects
hinausliegende Anschauung auffaßt. Dadurch bringt sich dem
Zuhörer die Gewißheit auf, daß sich an diesem Frevel nichts
ändern läßt.

Aus Kassandra spricht also recht eigentlich ein Dämon,
über welchen sie gar nicht mehr Herr ist, und welcher sie zu

einem willenlofen Werkzeuge gemacht hat. Die tragifche Gewalt der Kaffandra liegt alfo wefentlich in der Furchtbarkeit,
mit welcher wir von ihr die Ausführung des an Agamemnon
bevorftehenden Verbrechens vernehmen. Gerade die Ausführ-
lichkeit und plaftifche Beftimmtheit diefer Prophetin bedingen
ihre tragifche Gewalt, denn wir werden durch fie in einen
Zauberkreis gebannt, dem wir uns nicht entziehen können.
Daß der Dichter es aber vermocht hat, feiner Kaffandra eine
folche Gewalt der Prophetie zuzutheilen, durch welche wir die
Ueberzeugung gewinnen, daß diefelbe weit über die Willkür des
Subjects hinaus liegt, ift das beredtefte Zeugniß feines dich-
terifchen Genius.

Die Geftalt der Kaffandra fteht in der ganzen antiken
Tragödie einzig da, und ift jedenfalls die einzige Figur, welche
uns das unwiderlegliche Zeugniß giebt, daß auch die antike
Tragödie fich in das Element des Dämonifchen hineingelebt
hat, was denn auch zur Enthüllung des Furchtbarften unumgänglich nothwendig ift.

Kreon in der Tragödie Antigone des Sophokles ift eine tragifche Geftalt.

Kreon und Antigone find die beiden tragifchen Pole unferer
Tragödie. Antigone vertritt das Recht und das heilige Gefetz
der Familie, welches ihr gebietet, den geliebten Bruder nicht
unbeerdigt zu laffen. Kreon dagegen vertritt die Staatsmacht,
welche dem gegen Theben gefallenen Polyneikes die Beerdigung
als Staatsfeind verfagt. Antigone fowohl wie Kreon find
dadurch tragifche Geftalten, weil jede derfelben ihr Recht als
ein ausfchließliches verfolgt und damit das entgegengefetzte Recht
verletzt. Obgleich Antigone die Sympathien der Hörer immer
für fich haben wird, fo darf man doch keineswegs das ob-

jective Recht des Kreon verkennen. Sophokles hat sich in der Zeichnung des Kreon als ein großer Künstler bewiesen, indem er sorgfältig bemüht gewesen ist, jeden Zug einer tyrannischen Laune, oder Grausamkeit, von ihm fern zu halten, sondern ihn einzig und allein als den Vertreter eines objectiven Rechts dargestellt hat. Antigone ist dadurch die erhabene griechische Jungfrau, daß ihr die Pietät als das Höchste gilt. Aber auch Kreon leidet, weil er das heilige Gesetz der Familie verletzt, durch den Tod seines Sohnes Hämon das, was er verschuldet hat. Im letzten Theil seiner Rolle spricht Kreon die innere Zerstörung seines Gemüthes in den erschütterndsten dogmischen Versen aus. Der Darsteller muß diese Verse mit einer ganz besonderen Kunst behandeln, damit sich in ihrer Recitation die ganze Erschütterung des Gemüthes abspiegelt, von welcher Kreon ergriffen ist. Sobald der Darsteller diese dogmischen Rhythmen nicht in ihrer vollen Bedeutung und Kraft zur Geltung bringt, wird er niemals die beabsichtigte Wirkung des großen Dichters erreichen. Er muß daher auch da, wo diese Rhythmen am freiesten gestaltet sind, den Rhythmus stets durchklingen lassen. Nur dadurch kann er erreichen, daß dem Zuhörer aus diesen Rhythmen ein zerstörtes Gemüth entgegen tönt.

———

Eine Prophetie in Aeschylus Prometheus.

Dichterische Prophezeihungen sind überhaupt mißlicher Natur. In der Regel verkündigen sie Dinge, welche bereits in Erfüllung gegangen sind zu der Zeit, als der Prophet sie ausgesprochen hat. Da will denn allerdings die Prophezeihung nicht viel sagen. Wenn man dagegen im „Prometheus" des Aeschylus, Vers 925 u. ff., eine Verkündigung liest, welche auf Etwas hindeutet, was erst nach Jahrhunderten in's Leben getreten ist, so kann man sich des Erstaunens nicht erwehren.

Die großartige Stelle, auf welche wir hindeuten, lautet
wörtlich also:

„Solch einen Kämpfer wird er (Zeus) schon sich durch sich selbst
In's Leben rufen, einen Helden wunderbar,
Der eine Flamme, mächt'ger als der Blitz, entdeckt,
Und ein Gekrach, das stärker als der Donner rollt,
Und der den meerumrauschen erderschütternden
Dreizack, den Wurfspeer, den Poseidon führt, zerbricht".

Es kann uns natürlich nicht einfallen, dies prophetische
Wort des Aeschylus so aufzufassen und zu deuten, als ob
dem Geiste des Dichters schon der elektrische Funke oder
der Donner der Kanonen, oder endlich das Schrauben-
schiff in der Anschauung lebendig gewesen wäre. In ent-
wickelter Form hat der Dichter auf keinen Fall diese Erscheinungen vor Augen gehabt, welche in einer so viel späteren
Zeit erst in's Leben gerufen wurden. Aber Niemand wird
leugnen, daß Aeschylus in dieser Prophetie jene Erscheinungen, durch welche das Wort des Dichters vollständig in
Erfüllung gegangen ist, verkündigt habe. Man wird,
sagen wir, weder behaupten können, daß Aeschylus die
konkreten Erscheinungen des elektrischen Funkens, des
Kanonendonners und des Schraubenschiffes wirklich
in der Gestalt schon vor Augen gehabt, noch leugnen dürfen,
daß dem Dichter der ungeheure Fortschritt geistig vor-
geschwebt habe, welcher durch diese Erscheinungen herbeigeführt
worden ist; und dadurch gerade hat sich Aeschylus in dieser
Stelle das Denkmal eines wahrhaften Sehers gesetzt, ein
Denkmal, worauf man zur Verherrlichung des Dichters nicht
bestimmt genug hinweisen kann. In großen Dichtern ist der
Geist lebendig. Es lebt Etwas in ihnen, was sie antreibt,
prophetisch dasjenige als unfehlbar eintretend zu verkündigen,
was spätere Zeiten verwirklichen, weil es innerlich nothwendig ist. In einer Prophetie, wie der hier ausgesproche-
nen, liegt etwas wahrhaft Göttliches, insofern darin Zeit

und Raum thatsächlich übersprungen und überwunden er=
scheinen.

Uebrigens steht das Wort des Aeschylus im Alterthum
nicht einsam da, sondern wird durch ein anderes großes Dichter=
wort nochmäd,tig gestützt. Im Pindar, Isthm. VIII. 72 u. ff.,
heißt es in ähnlichem Sinne:

„Denn die weißsagende Themis sprach: es sei vom Ver=
hängniß bestimmt, daß die Meergöttin, mit Zeus oder seinem
Bruder sich begattend, einen Sohn gebären solle, der, mäch=
tiger als sein Vater, eine gewaltigere Waffe schwingen werde
als der Blitz und der bis dahin unwiderstehliche Dreizack."

Mit Recht ferner hat Voltaire an die berühmte Stelle
der Medea des Seneca, welche also lautet:

„Späten Geschlechtern wird kommen die Zeit, wo der Ocean
lösen wird jede Umzäunung; wo der unermeßliche Erdball sich
aufthut, und ein neuer Typhon Welten entdeckt, die Niemand
geahnt. Thule bleibt immer die Markung der Erde, —" ihre
tiefsinnige Bedeutung anerkennend, die Bemerkung geknüpft,
daß man wahrlich mit Recht im Alterthum Prophet und
Dichter mit demselben Ausdruck „Vates" bezeichnet habe,
indem er sagt:

„Il suffirait de ces deux exemples pour prouver,
que les poëtes méritent en effet le nom de prophète,
„vates".

Nur der beschränkte Geist des Leugners wird sich dagegen
sträuben können, daß in allen diesen großen Zeugnissen Be=
weise einer Geisteshelle vor uns liegen, wie sie den größ=
ten Menschen nur in geweihten Augenblicken entstehen, welche
daher auch als Zeugnisse geistiger Größe und geistiger Frei=
heit der Vergessenheit entrissen zu werden verdienen.

- - -

Diese Kunst gehört durchaus der modernen Welt an, die antike Welt kannte diese Kunst gar nicht. Aber auch in der modernen Welt ist diese Kunst eine sehr junge; sie ist, so zu sagen, von gestern und heut. Der Haupt-Begründer der Kunst des dramatischen Vorlesens, L. Tieck, ist zugleich auch ihr glänzendster Vertreter. — Uns liegt hierbei vor Allem die Beantwortung der Frage vor: Was ist das künstlerische Ziel des dramatischen Vorlesens, was will diese Kunst erreichen? Aus der Beantwortung dieser Frage wird sich ihre Bedeutung in dieser Kunst ganz von selbst ergeben. Der dramatische Vorleser will uns vor Allem ein dramatisches Werk in seiner Einheit vor die Seele bringen. Der Schwerpunkt liegt in der Einheit. Durch den dramatischen Vorleser soll ein Drama sich als ein in sich abgeschlossenes Ganze dem Geiste des Zuhörers darstellen. Darin liegt die Stärke des dramatischen Vorlesers und sein Vorzug zugleich vor der Bühnendarstellung. Der dramatische Vorleser ist ein Mensch, welcher den Geist, welchen er auf die Hauptfiguren des Dramas ausgießt, auch allen Nebenfiguren desselben mittheilt. Durch den dramatischen Vorleser kommen also der Held des Drama's, wie ein untergeordneter Bote zu gleichem Recht; denn es ist ein und derselbe Geist, welcher alle Haupt- und Nebenfiguren beherrscht. Der dramatische Vorleser soll und will keine sinnliche Illusion hervorbringen; er kann nicht täuschen, wie der Schauspieler. Aber er soll uns das Drama in dem Geiste desselben, also ein dramatisches Werk im Ganzen, wie im Einzelnen zur Anschauung bringen.

Sobald man den Gesichtspunkt nicht festhält, daß der dramatische Vorleser keine sinnliche Illusion wie der Schauspieler hervorbringen soll, läuft man Gefahr in Irrthum und Geschmacklosigkeit der ärgsten Art hinein zu gerathen. Dahin

11*

wird unter Andern die Geschmacklosigkeit gehören, die weiblichen Gestalten des Dramas im Fistelton zu lesen, um
die sinnliche Illusion zu erzeugen, daß nicht ein Mann, sondern
ein Weib vor uns stehe. Allerdings soll der dramatische
Vorleser die weiblichen Gestalten eines Dramas mit einem
weicheren Tone vortragen, als die männlichen. Dies darf
aber niemals so weit gehen, daß dadurch die Vorstellung erweckt
werden soll, nicht ein Mann, sondern ein Weib spreche
zu uns.

Sobald man sich klar vergegenwärtigt, was wir unter der
Forderung verstehen, daß der dramatische Vorleser uns den
Geist der handelnden und sprechenden Personen wiedergeben,
aber auf die sinnliche Illusion verzichten soll, wird man niemals in eine Geschmacklosigkeit hineingerathen.

Der dramatische Vorleser entbehrt, verglichen mit
dem Schauspieler, der Aktion und des mimischen Ausdrucks. Er wird also niemals dieselbe Wirkung und dieselbe
Illusion erreichen können, welche ein großer, genialer Schauspieler erregt. Er hat als Gegengewicht die Totalität
des Drama's zur Anschauung zu bringen und vermag, wenn
ihm dies wirklich gelingt, ebenfalls einen durchaus künstlerischen
Eindruck und Genuß hervorzubringen.

Um einen Vergleich zu brauchen, so hat der **Schauspieler**
seine Rolle ästhetisch zu einem Rundbilde zu gestalten und
zu erheben; der dramatische Vorleser kann und soll es
nur bis zum künstlerischen Relief auf einer Fläche bringen.

Eine wahrhaft künstlerische dramatische Vorlesung vermag einen großen, edlen Genuß zu erzeugen, denn sie kann
das dramatische Werk, ohne jedes sinnliche Beiwerk, also
auch ohne jede Störung als ein in sich Einiges vor uns
ausbreiten. Und darin liegt ein nicht hoch genug anzuschlagen-
der Genuß. Ein edles Kunstwerk in seiner Einheit und seiner
Gliederung vor die Seele zu führen heißt, eben so Großes als
wahrhaft Künstlerisches leisten. Der wahrhaft dramatische

Vorleser vermag uns den poetischen Hauch, welcher jedes ächte Kunstwerk umschwebt, wiederzugeben und sich dadurch zur Höhe einer ächten Künstlerschaft aufzuschwingen.

Ein Wort der Erinnerung an Ludwig Tieck, Karl Seydelmann, an die Gräfin Rossi, geb. Sontag, und die Rachel, aus persönlichem Verkehr mit denselben.

Ludwig Tieck.

So lange L. Tieck in Dresden lebte, hatte der Verfasser dieser Zeilen keine persönliche Beziehung zu demselben. Diese gestaltete sich erst, als Tieck, in Folge einer Aufforderung Friedrich Wilhelm IV., der ihm eine sorgenfreie Existenz sicherte, nach Berlin übersiedelte. Eine königl. Kabinetsordre forderte Tieck auf, sein Gutachten über die von mir im königl. Auftrage ausgearbeiteten Pläne zur Errichtung eines Instituts für darstellende Künstler abzugeben. Dies brachte mich in nähere Beziehung zu Tieck und verschaffte mir oft den Genuß seiner Unterhaltung. Tieck erklärte sich sehr günstig über meine Pläne und sprach dies auch ganz entschieden in seinem von höchstem Wohlwollen für mich zeugenden Votum aus. In seiner Unterhaltung war Tieck stets anregend und geistreich. Namentlich erging er sich mit der größten Vorliebe über Shakespeare, dem er die ungemessenste Bewunderung zollte. Unter den Schauspielern sprach er sich über Niemand mit solcher Wärme und fast leidenschaftlicher Bewunderung aus, als über Fleck, den er stets als den eigentlichen Repräsentanten des idealen Styls bezeichnete. Nach Fleck erschien ihm die Schauspielkunst in einem fortschreitenden Verfalle. Ludwig Devrient erkannte er nur als Genremaler an, während er gegen Emil Devrient eine ganz entschiedene Abneigung zeigte. Sehr gern erging er sich auch über Schiller und Goethe, für deren erste größeren Werke, die Räuber und Götz von Berlichingen, er die höchste Bewunderung hatte, welche ihn offenbar gegen die spätern Werke dieser Dichter ungerecht machte. Ganz besonders schöpferisch zeigte sich Tieck als dramatischer Vorleser. Hierin lag offenbar seine größte Stärke und seine höchste Genialität. Er war in der That aller Style mächtig und beherrschte die Tragödie wie das Lustspiel in gleich hohem Grade; indessen zeigte er sich doch am bewundernswürdigsten im Ausdruck des Humors; hierin war er unerschöpflich. Auch bewies Tieck beim Vorlesen die höchste Oekonomie in der Herrschaft über seine Mittel. Niemals fühlte man ihm eine Erschöpfung an. Der letzte Ton war noch eben so frisch und kräftig, als der erste. Ein Drama, namentlich aber ein Shakespeare'sches Lustspiel von ihm lesen zu hören, gehörte zu den reinsten künstlerischen Genüssen. Sein Kopf war von einem idealen Ausdruck; sein herrliches Auge leuchtete mit wunderbarer Gewalt. Während seiner Vorlesungen herrschte stets eine lautlose Stille, welche seine Freundin, die Gräfin Finkenstein, mit größter Sorgfalt überwachte. Tieck war nach der Vorlesung, auch des umfangreichsten Drama's, niemals so erschöpft, daß er nicht unmittelbar darauf der Unterhaltung lebhafte Theilnahme und liebenswürdigen Antheil widmen konnte.

Karl Seydelmann.

Mit großer Spannung sahen wir der persönlichen Bekanntschaft mit diesem ausgezeichneten Künstler entgegen. Am Tage vor dieser Bekanntschaft hatte ich Karl Seydelmann zum ersten Mal auf der Bühne, in der Rolle des Ossip in Raupach's Isidor und Olga, gesehen. Derselbe hatte sowohl durch seine Auffassung, als durch seine glänzende Durchführung der Rolle mein höchstes Interesse und meine ganze Bewunderung erregt.

Tages darauf machte ich dem Künstler einen Besuch, auf welchen ihn Frau Crelinger freundlich vorbereitet hatte. Der Eindruck, welchen die Persönlichkeit Seydelmann's auf mich machte, war ein entschieden bedeutender. Man befand sich bei ihm durchaus nicht einem Schauspieler gegenüber, denn ihm war jedes exaltirte Wesen durchaus fremd; man hätte eher glauben sollen, einem Staatsmanne oder Diplomaten gegenüber zu stehen. Was sich im Umgange mit Seydelmann sogleich herausstellte, war die Wählsamkeit und Feinfühligkeit seiner Ausdrucksweise. Er war scharf, bestimmt und besonders des sarkastischen Ausdrucks mächtig. Trübe Lebenserfahrungen mochten viel zu seiner verbitterten Stimmung beigetragen haben, welcher er oft und gern in der Unterhaltung Luft machte. Besonders interessant war der Künstler, wenn er eine Rolle, welche ihn gerade besonders beschäftigte, analysirte und auseinander legte. Seydelmann hatte mich zur Ausführung meines Werkes: Die Kunst der dramatischen Darstellung auf das Wärmste aufgefordert und begrüßte dies Werk unmittelbar nach seinem Erscheinen in einem eben so begeisterungsvollen als sinnigen Brief an den Verfasser, den wir in unserm Werke: Seydelmann's Leben und Wirken veröffentlicht haben. Seydelmann war von der Bedeutung seiner Kunst auf das Höchste erfüllt und machte, wenn er damit die Wirklichkeit verglich, seinem Zorne über die Versunkenheit derselben in den bittersten Wendungen Luft. Dann war sein Ausdruck sogar wahrhaft schöpferisch und er konnte sich gar nicht genug thun in erbitterten Aeußerungen über die Handhabung seiner Kunst. Ein ganz besonderes Talent zeigte Seydelmann als dramatischer Vorleser. Wir erinnern uns noch mit Entzücken eines Abends, an welchem er mir und einigen Freunden, dem Dr. Boumann und dem Schauspieler und Schriftsteller Gerber, in seinem Hause Shakespeare's Richard III. las und darin nicht nur die Hauptfigur Richard, sondern auch alle andern Personen, bis auf die kleinsten Rollen zur vollsten dramati-

schen Wirkung brachte. Es war als ob er sich durch diese
Vorlesung dafür entschädigen wollte, daß die damaligen Ver-
hältnisse der Berliner Hofbühne ihm nicht gestatteten die
Rolle Richard III. darstellen zu können, was zu seinen Lieb-
lingswünschen gehörte. Sein Organ blieb von Beginn der
Vorlesung bis zum Schlusse unerschöpft. Genug, wir em-
pfingen einen der reinsten und herrlichsten Genüsse in dieser
Gattung der Kunst, selbst Ludwig Tieck nicht ausgenommen.

Die Gräfin Rossi, geb. Sontag.

Als die Gräfin Rossi, geb. Sontag, als dramatische
Sängerin Triumphe feierte, hatten wir keine persönliche Beziehung zu ihr. Diese gewannen wir erst, als dieselbe als
Gemahlin des sardinischen Gesandten Grafen Rossi in
Berlin lebte. Die Gräfin ließ mich nämlich durch einen
Freund auffordern ihr einen Besuch zu machen, um sich mit
mir über ästhetische Gegenstände zu unterhalten. Dies geschah.
Im Laufe der Unterhaltung wurden Zeit und Stunde fest-
gesetzt, welche der Erklärung des Goethe'schen Faust ge-
widmet sein sollte. Die Gräfin zeigte sich in diesen Unter-
haltungen stets als eine eben so sinnige als wißbegierige Natur,
der es nur um die Sache zu thun war. Als Gegengabe er-
freute mich die Gräfin öfter durch ihren Gesang am Piano,
und lud mich auch zu ihren musikalischen Matinéen ein, welche
sie von Zeit zu Zeit in ihrem Hause veranstaltete. Wer
hier die Gräfin zu hören Gelegenheit hatte, dem werden ihre
spätern Triumphe auf der Bühne sehr natürlich erscheinen,
denn die Gräfin hatte nie aufgehört sich als Künstlerin zu behandeln. Unter den in diesen Matinéen Anwesenden zeichnete
durch seine enthusiastische Bewunderung für den Gesang der
Gräfin vor Allen der Großherzog von Mecklenburg-Strelitz
sich aus. Als mich die Gräfin demselben mit dem Bemerken
vorstellte, daß sie mir viele Aufschlüsse über Goethe's Faust
verdanke, sagte der Großherzog mit Feuer: „Wie war Ihnen

denn zu Muthe, Herr Professor, dergleichen mit dieser einzigen Frau durchgehen zu können?" Als ich ihm darauf erwiderte, daß ich die mit der Frau Gräfin durchlebten Stunden zu den genußreichsten meines Lebens rechne, sagte er, indem er meine Hand ergriff: „Ja, Sie haben Recht, denn Frau Gräfin ist ein eben so klarer Verstand als ein großes Gemüth."

In diesen Matinéen wurde nicht etwa nur der italienischen Musik gehuldigt, sondern auch die klassische deutsche Musik auf das würdigste vertreten. Der Verfasser dieser Zeilen erinnert sich noch mit Entzücken des Vortrags der Jphigenie in Tauris von Gluck durch die Gräfin Rossi. Jedes Musikstück sang sie stets im Geiste des Componisten und vereinigte immer Adel, Wärme und Begeisterung, wodurch sie die Anwesenden oft zu fanatischem Beifall hinriß.

Rachel Felix.

Es ist hier nicht der Ort, die künstlerische Größe der Rachel zu entwickeln. Dies ist von uns an einem andern Orte (vgl. meine dramaturgischen Abhandlungen und Kritiken) geschehen. Hier wollen wir nur das Bild der großen Tragödien, wie es uns aus unserer persönlichen Beziehung zu derselben hervorgetreten ist, wiederzugeben versuchen.

Ein Freund, der leider so früh verstorbene Dr. Stolle, hatte der Rachel mehrere meiner Kritiken in das Französische übersetzt, weil sie des Deutschen völlig unkundig war. Die Rachel äußerte darauf den Wunsch, mir persönlich für diese Kritiken zu danken. In Folge dessen ward mit Dr. Stolle ein Besuch verabredet. Als wir in ihre Wohnung kamen, empfing uns die Mutter der Rachel, weil der russische General-Adjutant Graf Orloff noch bei der Künstlerin war. Derselbe hatte ihr nämlich im Auftrage des Kaiser Nicolaus, welcher die Rachel am Tage zuvor zum ersten Mal einige Scenen hatte recitiren hören, einen kostbaren Schmuck nebst der Ein-

11**

ladung nach Petersberg zu kommen, überbracht. Die Rachel empfing mich mit folgenden Worten: „Sie haben mir so viele und so große Ehre erwiesen; ich werde bemüht sein, dieselbe zu verdienen." Am Mittag vereinigte uns Dr. Stolle zu einem kleinen Diner in seinem Hause. Die Rachel machte auf uns den angenehmsten und wohlthuendsten Eindruck. Sie war natürlich und ohne alle Prätension. Bei dieser Gelegenheit fiel mir ein Wort Meyerbeer's über die Rachel ein, welches er öfter zu mir gesagt: „Die Rachel hat die Haltung und den Anstand einer Königin; von ihr können alle Fürstinnen lernen." Während der ganzen Unterhaltung zeigte sich die Rachel eben so liebenswürdig als interessant. Man fühlte sich bei ihr einer wahren Künstler-Natur gegenüber.

Druck von Hüthel & Legler in Leipzig.

www.ingramcontent.com/pod-product-compliance
Lightning Source LLC
Chambersburg PA
CBHW020541270326
41927CB00006B/672